クリニックの個別指導・監査 対応マニュアル

医業経営研鑽会 編

西岡秀樹・加藤 登
堀 裕岳・永淵 智 著

はじめに

　いままで一般社団法人医業経営研鑽会で多くの本を出版してきましたが、個別指導に関するものは本書がはじめてです。

　最初に日本法令から個別指導に関する本の出版を打診されたとき、類書が多い、個別指導は医療機関以外の者の立ち会いが認められておらず（弁護士も帯同のみ）指導内容が地方厚生局で異なるなどブラックボックス化されている、現役ドクターの協力が得られにくい等の理由からお断りしました。

　最終的に出版を引き受けましたが、集団的個別指導や電子カルテへの対処の重要性を書くこと、監査に至った事例を詳しく紹介することで個別指導の対象とならないことの重要性を説明すること、生活保護などにも個別指導があることを説明することで、類書との違いを鮮明にしました。

　つぎにドクターの体験談を紹介することでブラックボックス化している個別指導の一端を明らかにしました。

　さらに、氏名を伏せることでドクターの協力も得ることができ、その人脈から保険医取消・免許停止になったドクターから詳しい話を聞くこともできました。

　このように多くのドクター、医療機関関係者、電子カルテメーカー等のご協力のおかげで出版することができた本書が、医療機関の方々の個別指導対策として多少なりともお役に立てるようであれば望外の幸せです。

　末筆になりましたが、本書の発刊にあたり日本法令の大澤有里氏には大変お世話になり、心より感謝しております。この場を借りてお礼申し上げます。

　　　　　令和元年8月
　　　　　　一般社団法人医業経営研鑽会　会長　西岡秀樹

CONTENTS

第1章 指導・監査の基礎知識

1 医療機関に対する指定取消や許認可取消 ……… 8
　(1) 主な行政処分 ……… 8
　(2) 保険医療機関の指定取消 ……… 9
　(3) 保険医の登録取消 ……… 11
　(4) 医療機関の開設許可取消 ……… 11
　(5) 医療機関の閉鎖命令 ……… 12
　(6) 医師（歯科医師）免許取消 ……… 13
　(7) 医師（歯科医師）の医業停止 ……… 15
　(8) 医療法人設立認可の取消し ……… 15

2 立入検査（医療監視） ……… 18
　(1) 指導と間違えやすい立入検査 ……… 18
　(2) 立入検査 ……… 18
　(3) 立入検査の法的根拠 ……… 22
　(4) 医療監視員 ……… 24
　(5) 立入検査要綱 ……… 27
　(6) 立入検査後の対応 ……… 27

3 集団指導・集団的個別指導・個別指導・新規個別指導の違い ……… 31
　(1) 保険診療における指導の種類 ……… 31
　(2) 指導に関する法令・大綱・通知 ……… 32
　(3) 集団指導 ……… 34
　(4) 集団的個別指導 ……… 34
　(5) 個別指導 ……… 36
　(6) 新規個別指導 ……… 38
　(7) 正当な理由として認められるもの ……… 40
　(8) 個別指導の結果 ……… 41
　(9) 指導の実施状況 ……… 42

4 集団的個別指導に対する診療所の対応 ……… 44
　(1) 保険医療機関が集団的個別指導を嫌う理由 ……… 44
　(2) 都道府県の平均点数 ……… 46
　(3) 集団的個別指導に対する診療所の対応 ……… 48

5	生活保護・自立支援医療機関の指導、労災保険	52
	（1） 生活保護法指定医療機関に対する指導	52
	（2） 指定自立支援医療機関に対する指導	56
	（3） 労働者災害補償保険	59
6	電子カルテと個別指導	62
	（1） 電子カルテの普及状況	62
	（2） 電子カルテは入力日時のログが残る	63
	（3） 電子カルテと個別指導	65

第2章　個別指導を避けるためのレセプト対策

1	審査支払機関の審査	70
	（1） 審査とは	70
	（2） レセプトの審査および支払に関する事務委託	71
	（3） 支払基金の審査委員会	72
	（4） 特別審査委員会の審査対象レセプト	73
	（5） 支払基金職員による審査（電子レセプトの審査）	74
	（6） 審査の重点化	75
	（7） 重点審査	75
	（8） 審査委員による審査	76
	（9） 審査委員会会期	77
	（10） 審査決定	77
2	保険診療のルール	78
	（1） 保険請求にあたっての基本	78
	（2） 療養担当規則の抜粋	80
	（療養給付の担当の範囲）	80
	（適正な手続の確保）	81
	（経済上の利益の提供による誘引の禁止）	81
	（特定の保険薬局への誘導の禁止）	81
	（掲　示）	82
	（一部負担金の受領）	83
	（領収証等の交付）	83

　　　　（診療録の記載及び整備）……………………………………………84
　　　　（帳簿等の保存）………………………………………………………84
　　　　（特殊療法等の禁止）…………………………………………………84
　　　　（使用医薬品及び歯科材料）…………………………………………84
　　　　（診療の具体的方針）…………………………………………………85
　　　　（診療録の記載）………………………………………………………91
　　　　（処方箋の交付）………………………………………………………92
　　　　（適正な費用の請求の確保）…………………………………………92
3　査定（減点）・返戻………………………………………………………93
　（1）用語の説明…………………………………………………………………93
　（2）査定（減点）………………………………………………………………94
　（3）返　戻……………………………………………………………………97
　（4）再審査……………………………………………………………………100
　（5）誤ってレセプトを請求したとき…………………………………………100
　（6）審査差異…………………………………………………………………101
　（7）審査差異解消……………………………………………………………102
　（8）審査情報提供事例………………………………………………………103
4　適正なレセプト提出のために……………………………………………105
　（1）適正なレセプト提出………………………………………………………105
　（2）レセプト点検のポイント…………………………………………………106
　（3）保険医療機関等に改善を求めた主な指摘事項について………………107
　（4）突合点検・縦覧点検……………………………………………………108
　（5）保険診療の理解のために………………………………………………109
　（6）専従・専任・専ら等の違い……………………………………………110

第3章　監査・取消処分の基礎知識

1　監査の概略…………………………………………………………………114
　　◎監査とは…………………………………………………………………114
2　監査の実施状況……………………………………………………………117
　（1）監査対象となる場合とは…………………………………………………117
　（2）監査前の調査……………………………………………………………119

(3) 監査実施通知 120
　　　(4) 監査の出席者 121
　　　(5) 弁護士の帯同 121
　　　(6) 監査手続における録音について 124
　　　(7) 監査の具体的な実施状況 124
　　　(8) 保険医療機関側から要望できる事項について 127
　3　監査後の流れ 128
　　　(1) 行政上の措置 128
　　　　① 取消処分 128
　　　　② 戒　告 128
　　　　③ 注　意 128
　　　(2) 取消処分の手順 129
　　　(3) 聴聞手続について 129
　　　(4) 取消処分後の手続き 130
　　　(5) 公　表 133
　　　(6) 経済上の措置 137
　　　(7) 再指定 138
　4　クリニック開業時に最低限知っておくべき「療養担当規則」 140
　　　(1) 療養担当規則 140
　　　(2) 注意すべき療養担当規則 141
　　　　① 診療録 141
　　　　② 診療報酬明細書の作成 150
　　　　③ 無診察治療の禁止 152
　　　　④ 過剰診療の禁止 153
　　　　⑤ 健康診断の禁止 154
　　　　⑥ 窓口減免の禁止 154
　　　　⑦ 患者紹介の禁止 156
　　　　⑧ 特定の保険薬局への誘導の禁止 157
　　　　⑨ 混合診療の禁止 158
　5　個別指導や監査手続のきっかけ（情報漏洩対策の重要性） 161
　　　(1) 個別指導や監査手続のきっかけ 161
　　　(2) 情報漏洩等の具体的対策 162
　　　(3) 内部通報制度の確立 168

CONTENTS

第4章 ドクターの体験談に基づく個別指導対策

1 新規個別指導 ·· 172
  （1）新規個別指導の概要 ·· 172
  （2）新規個別指導のケースレポート（歯科のケース）············ 173
  （3）今後、個別指導を受けないための対策、
      個別指導の対象となってしまった場合を想定した対策········· 180
2 一般の個別指導（保険医取消にまで至ったケース）················ 183
  （1）個別指導の概要 ·· 183
      ◎ 個別指導の進行 ·· 183
  （2）個別指導のケースレポート（医科のケース）··················· 184
3 一般の個別指導
  （保険医取消となったものの、提訴し勝訴することができたケース）····· 193
4 生活保護法による指定医療機関に対する個別指導 ·················· 204
  （1）生活保護法による指定医療機関に対する個別指導の概要 ···· 204
  （2）生保個別指導のケースレポート（歯科のケース）············· 206
  （3）今後、個別指導を受けないための対策、
      個別指導の対象となってしまった場合を想定した対策········· 214
5 保険医取消・免許停止 ·· 216
  （1）保険医取消・免許停止の概要 ···································· 216
  （2）保険医取消・免許停止の体験談（医科歯科共通）············ 223
      ① 課題学習（停止1年未満の場合）······························ 230
      ② 個別研修（停止1年以上の場合）······························ 231
  （3）今後、保険医登録の取消しや医道審議会にかけられて
      医業・歯科医業停止を受けないための対策、取消処分や医道審議会の
      審査の対象となってしまった場合を想定した対策·············· 233
6 指摘事項のチェックリスト··· 235

第 **1** 章

指導・監査の基礎知識

1 医療機関に対する指定取消や許認可取消

(1) 主な行政処分

本書は個別指導や監査への対応に関することがメインテーマですが、メインテーマである個別指導や監査について書く前に、まず医療機関を開設している個人または医療法人に対して行われる可能性のある主な行政処分について解説します。

どのような行政処分が、何の法律に基づいて、どのように行われるのかを知っておくことは、とても大切なことだからです。

■医療機関を開設している個人または医療法人に対して行われる可能性のある主な行政処分

行政処分名	根拠条文	所管庁	対象者	行政処分の内容
保険医療機関の指定取消	健康保険法第80条	地方厚生局	すべての医療機関	取消しを受けた医療機関は保険診療ができなくなります。なお、医療機関の取消しを受けていなければ自由診療は続けることができます。
保険医の登録取消	健康保険法第81条	地方厚生局	保険医登録している医師・歯科医師	取消しを受けた医師・歯科医師は保険診療ができなくなります。なお、医師(歯科医師)免許の取消しを受けていなければ自由診療は続けることができます。

医療機関の開設許可取消	医療法第29条	都道府県	個人が開設している病院・医療法人が開設している医療機関	開設許可の取消しを受けた医療機関はすべての診療（自由診療も含む）ができなくなります。
医療機関の閉鎖命令	医療法第29条	都道府県	すべての医療機関	閉鎖命令を受けた医療機関は閉鎖期間はすべての診療（自由診療含む）ができなくなります。
医師（歯科医師）免許取消	・医師法第7条 ・歯科医師法第7条	厚生労働省	医師・歯科医師	取消しを受けた医師・歯科医師はすべての医行為ができなくなります。
医師（歯科医師）の医業停止	・医師法第7条 ・歯科医師法第7条	厚生労働省	医師・歯科医師	医業停止を受けた医師・歯科医師は医業停止期間はすべての医行為ができなくなります。
医療法人設立認可の取消し	医療法第65条および第66条	都道府県	医療法人	医療法人設立認可の取消しを受けた医療法人は解散します。 この医療法人が開設していた医療機関は廃止するか個人または他の医療法人が開設することになります。

(2) 保険医療機関の指定取消

　保険医療機関の指定取消は医療機関が受ける可能性の高い行政処分の1つです。

　平成28年度に保険医療機関等の指定取消（指定取消相当を含む）を受けたのは医科8件、歯科18件、薬局1件（保険薬局の指定取消）

の合計27件でした。保険薬局を含めた過去の指定取消数（指定取消相当を含む）は下記のとおりです。

	平成24年度	平成25年度	平成26年度	平成27年度	平成28年度
取消数	72件	59件	41件	37件	27件

　指定取消相当とは本来は取消処分を行うべき事案ですが、保険医療機関等が既に廃止されているため、指定取消の行政処分を行えない場合の取扱いのことです。取消処分の場合と同様に取消し相当である旨が公表されるほか、原則として5年間、再指定を受けることができません。

　指定取消または指定取消相当となった医療機関が原則として5年間、再指定を受けることができないのは、健康保険法第65条に次のように定められているからです。

●健康保険法　第65条（一部抜粋・下線は筆者）

（保険医療機関又は保険薬局の指定）
第65条　第63条第3項第1号の指定は、政令で定めるところにより、病院若しくは診療所又は薬局の開設者の申請により行う。
2　（略）
3　厚生労働大臣は、第1項の申請があった場合において、次の各号のいずれかに該当するときは、第63条第3項第1号の指定をしないことができる。
　一　当該申請に係る病院若しくは診療所又は薬局が、この法律の規定により保険医療機関又は保険薬局に係る第63条第3項第1号の指定を取り消され、その取消しの日から5年を経過しないものであるとき。
　二　略
　三　略

(3) 保険医の登録取消

　保険医療機関の指定取消を受けた医療機関で保険医をしていた医師・歯科医師はかなりの確率で保険医登録も取り消されています。

　平成28年度に保険医等の登録取消（登録取消相当を含む）を受けたのは医科6人、歯科14人、薬局1人（保険薬剤師の登録取消）の合計21人でした。

　保険薬剤師を含めた過去の登録取消数（登録取消相当を含む）は下記のとおりです。

	平成24年度	平成25年度	平成26年度	平成27年度	平成28年度
取消数	42人	26人	30人	26人	21人

(4) 医療機関の開設許可取消

　病院を開設しようとするとき、または医師および歯科医師でない者（一般的には医療法人）が診療所を開設しようとするときは、開設許可を得る必要があります。

　なお、医師および歯科医師である個人が診療所を開設する場合は開設許可は不要で、開設後10日以内に開設届を提出すればよいことになっています。したがって、個人が開設している診療所は開設許可取消はあり得ません。

●医療法　第29条

> 第29条　都道府県知事は、次の各号のいずれかに該当する場合においては、病院、診療所若しくは助産所の開設の許可を取り消し、又はその開設者に対し、期間を定めて、その閉鎖を命ずることができる。
> 一　開設の許可を受けた後、正当な理由がなく、6月以上その業

務を開始しないとき。
　二　病院、診療所（第8条の届出をして開設したものを除く。）
　　又は助産所（同条の届出をして開設したものを除く。）が、休止
　　した後、正当な理由がなく、1年以上業務を再開しないとき。
　三　開設者が第6条の3第6項、第24条第1項、第24条の2
　　第2項又は前条の規定に基づく命令又は処分に違反したとき。
　四　開設者に犯罪又は医事に関する不正の行為があつたとき。

　保険医療機関の指定取消と違い、特に悪質とされるケースでない限り、医療機関の開設許可取消という行政処分は行われないようです。

　e-Stat（日本の統計が閲覧できる政府統計ポータルサイト）に平成28年度衛生行政報告例のデータが公開されており、その中に「医療法第25条の規定に基づく立入検査延件数・処分・告発件数・新規開設に伴う使用許可件数・構造設備の変更に伴う使用許可件数，施設の種類別」という資料があります（**図表1－1**）。

　この資料によると平成28年度に立入検査延件数は26,251件ありますが、許可の取消しは1件もありません。

(5) 医療機関の閉鎖命令

　医療機関の開設許可取消と同様に医療機関の閉鎖命令という行政処分もほとんど行われないようです。

　なお、この医療機関の閉鎖命令は医療機関の開設許可取消と違い、個人が開設している診療所でもあり得ます。閉鎖命令は「開設者に対し、期間を定めて、その閉鎖を命ずることができる」だけで、開設許可とは関係ないからです。

　言い換えると、個人が開設している診療所に対して廃止を命令することはできません。開設者である医師・歯科医師の免許が取消しまたは医業停止にならない限り、たとえ保険医療機関の指定取消を受けても自由診療は続けることができます。

第1章　指導・監査の基礎知識

　実際に保険医療機関の指定取消を受けた歯科医院が、その後も自由診療専門の歯科医院として存続しているケースがあります。

■図表 1 － 1　平成 28 年度衛生行政報告例（第 7 章 医療より抜粋）

第 1 表　医療法第 25 条の規定に基づく立入検査延件数・処分・告発件数・新規開設に伴う使用許可件数・構造設備の変更に伴う使用許可件数，施設の種類別

	総　数	病　院	診療所　一般	診療所　歯科	助産所
立入検査延件数	26251	8230	11340	6518	163
処分件数	8	3	5	-	-
増員又は業務の停止命令	2	1	1	-	-
改善命令	-	-	-	-	-
使用制限又は禁止	-	-	-	-	-
管理者変更	6	2	4	-	-
許可の取消	-	-	-	-	-
閉鎖命令	-	-	-	-	-
告発件数	-	-	-	-	-
新規開設に伴う使用許可件数	458	164	239	43	12
構造設備の変更に伴う使用許可件数	6497	5821	647	20	9

(6) 医師（歯科医師）免許取消

　医師法では、免許取消について次のように規定されています。

　第 3 条　未成年者、成年被後見人又は被保佐人には、免許を与えない。
　第 4 条　次の各号のいずれかに該当する者には、免許を与えないこ

13

> とがある。
> 一　心身の障害により医師の業務を適正に行うことができない者として厚生労働省令で定めるもの
> 二　麻薬、大麻又はあへんの中毒者
> 三　罰金以上の刑に処せられた者
> 四　前号に該当する者を除くほか、医事に関し犯罪又は不正の行為のあつた者
> （中略）
> 第7条　医師が、第三条に該当するときは、厚生労働大臣は、その免許を取り消す。
> 2　医師が第四条各号のいずれかに該当し、又は医師としての品位を損するような行為のあつたときは、厚生労働大臣は、次に掲げる処分をすることができる。
> 一　戒告
> 二　三年以内の医業の停止
> 三　免許の取消し

　歯科医師法も同様の条文になっています。

　つまり、医師・歯科医師は成年被後見人または被保佐人になると免許が取り消されます。

　成年被後見人とは精神上の障害により判断能力を欠くとして、家庭裁判所から後見開始の審判を受けた人のことで、代理として成年後見人が財産管理などを行います。

　被保佐人とは精神上の障害により判断能力が不十分であるとして、家庭裁判所から保佐開始の審判を受けた人のことで、財産上の重要な法律行為は保佐人の同意が必要となります。

　これ以外にも医師法第4条の各号に該当する者は医師免許取消の可能性があります。実際に平成28年には準強制わいせつによる免許取消が1件ありました。

(7) 医師(歯科医師)の医業停止

　医師免許取消は毎年該当者がいる訳ではありませんが、医業停止は毎年必ず該当者がいます。たとえば、平成30年は医師28名に対する行政処分について諮問がなされ、審議の結果、医師28名に対して下記の行政処分を行いました。

- ・医業停止2月…2件(精神保健指定医の指定申請時における不正1件、精神保健指定医の指導医としての不正1件)
- ・医業停止1月…11件(精神保健指定医の指定申請時における不正6件、精神保健指定医の指導医としての不正5件)
- ・戒告……………15件(精神保健指定医の指定申請時における不正10件、精神保健指定医の指導医としての不正5件)

　平成29年は医師13名、歯科医師8名に対して、平成28年は医師15名、歯科医師15名に対する行政処分が行われています。

(8) 医療法人設立認可の取消し

　医療法人設立認可の取消しには医療法第65条と第66条の2つの規定があります。

●医療法　第65条

> 第65条　都道府県知事は、医療法人が、成立した後又は全ての病院、診療所、介護老人保健施設及び介護医療院を休止若しくは廃止した後1年以内に正当な理由がなく病院、診療所、介護老人保健施設又は介護医療院を開設しないとき、又は再開しないときは、設立の認可を取り消すことができる。

● 医療法　第66条

> 第66条　都道府県知事は、医療法人が法令の規定に違反し、又は法令の規定に基く都道府県知事の命令に違反した場合においては、他の方法により監督の目的を達することができないときに限り、設立の認可を取り消すことができる。
> 2　都道府県知事は、前項の規定により設立の認可を取り消すに当たつては、あらかじめ、都道府県医療審議会の意見を聴かなければならない。

　医療法第65条に基づく認可取消は、医療法人が成立した後1年以内に医療機関を開設しなかった医療法人や、何らかの理由で開設していた医療機関のすべてを休止もしくは廃止した後1年以内に再開しない医療法人に対するものです。

　医療法第65条は第66条に基づく認可取消と違い、都道府県医療審議会の意見を聴く必要はありません。

　医療法第66条に基づく認可取消はほとんどありませんが、まったくない訳ではありません。都道府県からの業務改善命令を長期間怠っているとして設立認可が取り消された医療法人は実在しているので注意が必要です。

　前述したe-Statに公開されている平成28年度衛生行政報告例の中に「医療法人に対する指導・監督数，都道府県別」という資料があります。この資料によると平成28年度に医療法人に対して業務・会計の状況を報告させる報告徴収を行ったのは15件、立入検査は10件、医療法第65条に基づく認可取消は17件でした。

■図表1-2　平成28年度衛生行政報告例(第7章 医療より抜粋)

第3表　医療法人に対する指導・監督数，都道府県別指導・監督の状況

	報告徴収	立入検査	改善命令	業務停止（一部）	業務停止（全部）	役員解任勧告	設立認可取消 第65条によるもの	設立認可取消 第66条によるもの
全　国	15	10	-	-	-	-	17	-

2 立入検査（医療監視）

(1) 指導と間違えやすい立入検査

　診療所の院長から「指導が来る！　大変だ！」と慌てて連絡をいただくことがありますが、よく話を聞いてみると、医療法第25条に基づく立入検査（医療監視ともいう）だったということがよくあります。

　これは診療所の院長に限らず、医業経営コンサルタントをしている方と話している時にもよくあります。指導、適時調査、監査、立入検査（医療監視）など、似たような行政の手続きがありますが、これらはすべて別のものです。混同されると対応を間違えて大変なことになりかねません。

　なお、病院には個別指導や立入検査が数年おきにあるため慣れているらしく、診療所のように慌てるという話はあまり聞きませんし、個別指導と立入検査を間違うこともないようです。

(2) 立入検査

　立入検査は、医療法第25条に基づき保健所等が行う医療機関への調査のことで、人員基準、衛生状態、診療録、その他の帳簿書類に関する調査が行われます。立入検査のことを「医療監視」ともいい、後述する「監査」と言葉がよく似ていますが、まったく別物です。立入検査で診療報酬の自主返還を求められることはありませんし、保険医療機関が取り消されることもありません。

　平成28年度の立入検査延件数は26,251件で、その内訳は病院8,230

件、一般診療所 11,340 件、歯科診療所 6,518 件、助産所 163 件です（**図表 1 − 1** 参照）。

　平成 28 年 10 月 1 日現在の病院は 8,442 施設、一般診療所は 101,529 施設、歯科診療所は 68,940 施設（平成 28 年の医療施設（動態）調査）なので、単純に立入検査の実施率を計算すると病院は 97.48％、一般診療所は 11.16％、歯科診療所は 9.45％となります。

　実施率からわかるように病院は原則として年 1 回立入検査が実施されますが、診療所に対しては新規開設や通報（タレコミ）等特別な事情がない限り、あまり立入検査は行われていません。

　なお、診療所への立入検査を概ね 5 年に一度実施することになっている県もあります。たとえば、平成 26 年度福岡県診療所立入検査実施要領には、対象施設は下記のように記載されています。

● 「平成 26 年度福岡県診療所立入検査実施要領」より抜粋

> 　医療法に規定する診療所のうち、有床診療所の 3 分の 1、無床診療所の 5 分の 1 及び歯科診療所の 5 分の 1 程度を対象とする。
> 　ただし、医療法第 5 条第 1 項に規定する「往診のみを行う診療所」は、対象外とする。

　平成 28 年 10 月 1 日現在の福岡県の病院数は 461 施設、一般診療所は 4,654 施設、歯科診療所は 3,095 施設（平成 28 年の医療施設（動態）調査）です。

　これに対し、平成 28 年度に福岡県で実施された立入検査の件数は 2,296 件（病院も含めた件数。e-Stat に公開されている平成 28 年度衛生行政報告例）です。病院への立入検査実施率は 95％以上と高いので、病院の施設数 461 を差し引いた 1,835 件が診療所に対する立入検査数と推定でき、福岡県の診療所への立入検査の実施率は 1,835 件 ÷ 7,749 施設（一般診療所 4,654 施設 ＋ 歯科診療所 3,095 施設）× 100 ＝ 23.68％と、全国平均の実施率よりかなり高いことがわかります。

上記と同じ方法で診療所に対する推定実施率を計算したのが**図表1－3**です。

■図表1－3

	施設数				立入検査数		診療所に対する推定実施率
	病院	一般診療所	歯科診療所	診療所合計	立入検査延件数	診療所のみの推定件数	
	①	②	③	④ (②+③)	⑤	⑥ (⑤-①)	⑦ (⑥÷④×100)
北海道	562	3,380	2,968	6,348	977	415	6.54%
青　森	96	884	548	1,432	451	355	24.79%
岩　手	93	898	592	1,490	273	180	12.08%
宮　城	139	1,662	1,069	2,731	547	408	14.94%
秋　田	69	809	445	1,254	101	32	2.55%
山　形	68	934	486	1,420	379	311	21.90%
福　島	128	1,370	863	2,233	404	276	12.36%
茨　城	178	1,713	1,402	3,115	687	509	16.34%
栃　木	107	1,429	984	2,413	158	51	2.11%
群　馬	129	1,561	977	2,538	181	52	2.05%
埼　玉	342	4,225	3,546	7,771	423	81	1.04%
千　葉	286	3,778	3,256	7,034	428	142	2.02%
東　京	651	13,184	10,658	23,842	3,046	2,395	10.05%
神奈川	341	6,711	4,989	11,700	544	203	1.74%
新　潟	131	1,688	1,168	2,856	201	70	2.45%
富　山	106	758	453	1,211	119	13	1.07%
石　川	95	872	481	1,353	162	67	4.95%
福　井	68	581	292	873	325	257	29.44%
山　梨	60	698	441	1,139	332	272	23.88%
長　野	130	1,570	1,022	2,592	163	33	1.27%

岐　阜	102	1,589	960	2,549	632	530	20.79%
静　岡	181	2,711	1,783	4,494	1,420	1,239	27.57%
愛　知	323	5,298	3,707	9,005	2,761	2,438	27.07%
三　重	100	1,523	850	2,373	627	527	22.21%
滋　賀	57	1,062	558	1,620	139	82	5.06%
京　都	170	2,471	1,313	3,784	338	168	4.44%
大　阪	523	8,387	5,553	13,940	1,581	1,058	7.59%
兵　庫	350	5,033	3,011	8,044	1,057	707	8.79%
奈　良	77	1,208	689	1,897	114	37	1.95%
和歌山	83	1,056	547	1,603	90	7	0.44%
鳥　取	44	503	257	760	142	98	12.89%
島　根	51	725	273	998	209	158	15.83%
岡　山	164	1,661	1,000	2,661	190	26	0.98%
広　島	244	2,572	1,566	4,138	517	273	6.60%
山　口	147	1,283	679	1,962	493	346	17.64%
徳　島	112	746	431	1,177	294	182	15.46%
香　川	90	830	478	1,308	310	220	16.82%
愛　媛	141	1,252	685	1,937	493	352	18.17%
高　知	130	565	370	935	169	39	4.17%
福　岡	461	4,654	3,095	7,749	2,296	1,835	23.68%
佐　賀	107	691	421	1,112	314	207	18.62%
長　崎	151	1,389	739	2,128	564	413	19.41%
熊　本	212	1,454	851	2,305	127	-85	-3.69%
大　分	157	964	541	1,505	448	291	19.34%
宮　崎	140	891	508	1,399	284	144	10.29%
鹿児島	252	1,410	820	2,230	520	268	12.02%
沖　縄	94	896	615	1,511	221	127	8.41%

（平成28年医療施設（動態）調査と平成28年度衛生行政報告例を基に作成）

※　熊本県の推定実施率がマイナスとなっていますが、あくまで計算上のことであり、実際には診療所に対する立入検査は行われています。

都道府県によって推定実施率にかなり差があることがわかります。

熊本県、和歌山県、岡山県、埼玉県、富山県などは推定実施率が1.1％未満であるのに対し、福井県、静岡県、愛知県、青森県、山梨県、福岡県などは推定実施率が23.5％を超えています。

推定実施率が高い県は、診療所への立入検査を概ね5年に一度実施していると思われます。

(3) 立入検査の法的根拠

立入検査の法的根拠は医療法第25条にあります。

●医療法　第25条、第26条

第25条　都道府県知事、保健所を設置する市の市長又は特別区の区長は、必要があると認めるときは、病院、診療所若しくは助産所の開設者若しくは管理者に対し、必要な報告を命じ、又は当該職員に、病院、診療所若しくは助産所に立ち入り、その有する人員若しくは清潔保持の状況、構造設備若しくは診療録、助産録、帳簿書類その他の物件を検査させることができる。

2　都道府県知事、保健所を設置する市の市長又は特別区の区長は、病院、診療所若しくは助産所の業務が法令若しくは法令に基づく処分に違反している疑いがあり、又はその運営が著しく適正を欠く疑いがあると認めるときは、この法律の施行に必要な限度において、当該病院、診療所若しくは助産所の開設者若しくは管理者に対し、診療録、助産録、帳簿書類その他の物件の提出を命じ、又は当該職員に、当該病院、診療所若しくは助産所の開設者の事務所その他当該病院、診療所若しくは助産所の運営に関係のある場所に立ち入り、帳簿書類その他の物件を検査させることができる。

第26条　第25条第1項及び第3項に規定する当該職員の職権を

行わせるため、厚生労働大臣、都道府県知事、保健所を設置する市の市長又は特別区の区長は、厚生労働省、都道府県、保健所を設置する市又は特別区の職員のうちから、医療監視員を命ずるものとする。
2　前項に定めるもののほか、医療監視員に関し必要な事項は、厚生労働省令でこれを定める。

● 医療法施行規則　第41条

第41条　法第26条の規定により厚生労働大臣が命ずる医療監視員は、医療に関する法規及び病院、診療所又は助産所の管理について相当の知識を有する者でなければならない。

要約すると下記のようになります。

① 都道府県知事、保健所を設置する市の市長または特別区の区長は、医療機関に対し、立入検査をすることができる（医療法第25条第1項）。
② 都道府県知事、保健所を設置する市の市長または特別区の区長は、医療機関に対し、運営が著しく適正を欠く疑いがあるときは、立入検査だけでなく書類の提出も命ずることができる（医療法第25条第2項）。
③ 厚生労働省、都道府県、保健所を設置する市または特別区の職員のうち、立入検査を行えるのは医療監視員である。
④ 医療監視員は医療に関する法規および医療機関について相当の知識を有する者でなければならない。

　上記①と上記②は似ています。罰則についても上記①と上記②ともに20万円以下の罰金です。
　上記①と上記②の最大の違いは立入検査を行える職員の違いだと思われます。上記①は後述する医療監視員しか立入検査を行えませんが、上記②は医療監視員以外の職員であっても行うことが可能です。

実際に行われている立入検査は上記①に基づいたものがほとんどですが、テレビのニュースになるような重大な案件については上記②に基づき行われるようです。重大な案件に対する立入検査は人数が必要なので、医療監視員だけでは足りないからだと思われます。

● **医療法　第89条**（下線は筆者）

> 第89条　次の各号のいずれかに該当する者は、20万円以下の罰金に処する。
> 　一　（略）
> 　二　第5条第2項、第6条の8第1項若しくは<u>第25条第1項から第4項までの規定による報告</u>を怠り、若しくは<u>虚偽の報告</u>をし、又は第6条の8第1項若しくは<u>第25条第1項から第3項までの規定による当該職員の検査を拒み、妨げ、若しくは忌避した者</u>
> 　三　（略）

(4) 医療監視員

　立入検査を行えるのは医療監視員です。後述する立入検査要綱にも「医療法第25条第1項に基づく立入検査については、都道府県知事、保健所を設置する市の市長又は特別区の区長が任命した医療監視員が各施設に赴き」と明記されています。

　ただし、医療法第25条第2項に基づく立入検査は医療監視員以外の職員でも行えます。医療法第26条は「第25条第1項及び第3項に規定する当該職員の職権を行わせるため、医療監視員を命ずる」と定められており、医療法第25条第2項は除外されているからです。

　医療監視員の構成は都道府県により異なりますが、過去に厚生労働省が行った調査によると事務系職員が約1／3、医師、薬剤師、保健師、

看護師などの技術系職員が約2／3でした。ところで、医療監視員は「医療に関する法規及び医療機関について相当の知識を有する者」とされていますが、現実には残念ながら必ずしもそうではありません。

　立入検査はほとんどが保健所主体で行われています。たまに都道府県主体で行われたり、保健所と都道府県との合同で行われることもありますが、診療所の立入検査に限ってはほぼ保健所主体で行われています。

　そして、保健所主体で行われる立入検査は間違った指導をするケースが多いです。

　たとえば、医師が個人開設している診療所に対して、「サプリメントの販売は営利行為であり、医療は非営利なので認められず、サプリメントの陳列棚を撤去しろ」と指導してきたケースがあります。

　医療機関におけるサプリメントの販売は「医療機関におけるコンタクトレンズ等の医療機器やサプリメント等の食品の販売について」（平成26年8月28日）という通知で「医療機関においてコンタクトレンズ等の医療機器やサプリメント等の食品の販売を行うことは、当該販売が、患者のために、療養の向上を目的として行われるものである限り、以前から可能です」と書かれているにもかかわらずです。

　さらに、「医療が非営利」というのも間違っています。確かに医療法人は非営利法人ですが、医師が個人開設している診療所に非営利の規定などありません。

　また、販売をすることが非営利に反するというのも間違いです。非営利の正しい解釈は「その団体で上げた利益をその団体の構成員で分配しないこと」であり、販売をするかどうかではありません。

　もう1つ例を挙げると、診療所の管理者が診療時間中、常時いないことを理由に管理者として不適切だと指導してきたケースがあります。

　管理者については医療法第15条に「病院又は診療所の管理者は、この法律に定める管理者の責務を果たせるよう、当該病院又は診療所

に勤務する医師、歯科医師、薬剤師その他の従業者を監督し、その他当該病院又は診療所の管理及び運営につき、必要な注意をしなければならない。」と定められていますが、「常時いるべき」とはひと言も書かれていません。

「管理者の常勤しない診療所の開設について」(昭和29年10月19日)という通知に「管理者は、当該病院又は診療所における管理の法律上の責任者であるから、原則として診療時間中当該病院又は診療所に常勤すべきことは当然であり、」(傍点は筆者)と書かれており、保健所はこの通知を根拠に指導してきましたが、原則として常勤すればよく、学会に出席するなど何らかの事情、つまり例外は認められると読み取れます。絶対に「常時いるべき」とは書かれていません。

さらに、後述する立入検査要項には常勤医師の定義として「病院で定めた医師の1週間の勤務時間が、32時間未満の場合は、32時間以上勤務している医師を常勤医師とし、その他は非常勤医師として常勤換算する」と書かれています。つまり、管理者も週32時間以上勤務していれば常勤していると解釈できます。

また、正式な疑義照会に対する回答ではありませんが、厚生労働省医政局総務課法令担当は「管理者の兼務」について、「仮令[編注:けりょう、たとい]、都道府県から「常勤」の解釈を問われても、「絶対に常時勤務していることが必要」とは答えていない。」「ある程度の兼務はあり得る。」という基本スタンスだと述べています。

2つの事例からわかるように保健所の指導は往々にして間違っています。

保健所の指導は前例主義が多いうえに、自分達が正しいと思っていることは法的根拠に関係なく指導してくる傾向がとても強いです。立入検査による指導であっても、指導内容が必ずしも正しいとは限らないことを覚えておいてください。

医療監視員は「医療に関する法規及び医療機関について相当の知識

を有する者」と医療法で定められているのですから、もう少し勉強していただきたいものです。

(5) 立入検査要綱

　立入検査の法的根拠は医療法第25条ですが、詳細は「医療法第25条第1項の規定に基づく立入検査要綱」（以下、「立入検査要綱」という）に定められています。

　この立入検査要綱は厚生労働省医政局から地方自治法への技術的な助言であるとされていますが、各都道府県はこの立入検査要綱に基づいて立入検査を実施しているので、とても重要です。立入検査要綱は92ページもあります（平成28年12月版）が、立入検査の事前通告があった医療機関は必ず確認することをお勧めします。

　また、厚生労働省医政局はほぼ毎年「医療法第25条第1項の規定に基づく立入検査の実施について」という通知を出しています。毎年度の立入検査の実施にあたっての留意事項をまとめたものなので、この通知も立入検査の事前通告があったときは必ず確認することをお勧めします。

　立入検査の事前通告は「最長でもおおむね1週間から10日前に行うこととし、また、必要に応じて事前に通告を行うことなく医療監視を実施すること。」（「医療監視の実施方法等の見直しについて」平成9年6月27日）とされており、運営が著しく適正を欠く疑いがある場合を除き、概ね1週間前には事前通告があるはずです。

(6) 立入検査後の対応

　前述した「医療法第25条第1項の規定に基づく立入検査の実施について」という通知には立入検査後の対応について下記のように書かれています。

● 「医療法第 25 条第 1 項の規定に基づく立入検査の実施について」
（抜粋）

> 　医療法上適法を欠く等の疑いのある医療機関への立入検査については、「医療監視の実施方法等の見直しについて」（平成 9 年 6 月 27 日指第 72 号健康政策局指導課長通知）を参考とし、立入検査の結果、不適合・指導事項を確認したときは、関係部局間の連携に留意しつつ、不適合・指導事項、根拠法令及び不適合・指導理由を文書で速やかに立入検査を行った医療機関へ通知するとともに、その改善の時期、方法等を具体的に記した改善計画書を期限をもって当該医療機関から提出させるなど、その改善状況を逐次把握するよう努める。
> 　また、特に悪質な事案に対しては、必要に応じ、厚生労働省による技術的助言を得た上で、違法事実を確認した場合は、法令に照らし厳正に対処する。

　上記を見ると「医療監視の実施方法等の見直しについて」を参考に立入検査後の対応をすることになっています。

● 「医療監視の実施方法等の見直しについて」（抜粋）

> 1　医療監視の実施方法について
> （1）　医療監視の実施時期について
> 　　　医療法上適正を欠く等の疑いのある医療機関については、数度にわたる医療監視を行う等により厳正に対処すること。
> （3）　医療監視後の再調査について
> 医療監視により改善指導を行った医療機関については、その改善状況を逐次把握するとともに、特に悪質な場合には改めて医療監視を実施するなどにより指導の徹底に努めること。
> 3　医療監視の実施の強化について
> （1）　医療監視に協力しない医療機関に対する告発について
> 　　　医療監視を拒み、妨げ、若しくは関係書類等を提出しない等、

> 医療監視に協力しない悪質な医療機関については、司法当局に対し、医療法第74条第二号違反の疑いで告発を行う等により厳正に対処すべきこと。
> （２）　他関係部局との連携の強化について
> 　医療監視の実施に当たっては、保険・精神・福祉担当部局等の関係部局との連携を図るとともに、特に問題のある医療機関については、必要に応じて関係法規に基づく立入検査にあわせて医療監視を実施すること。
> （３）　国、都道府県、保健所間の連携の強化について
> 　特に悪質な違反の疑いのある医療機関については、内部部局間の連携を図り、医療監視の実施に際しては、保健所職員の他、都道府県職員も同時に立入るようにすべきこと。
> （４）　系列病院等への統一医療監視の実施について
> 　従来、統一医療監視については、同一の医療法人が開設する医療機関について実施してきたところであるが、今後は、同系列と見なしうる医療機関についても都道府県間、保健所間で連携を図りつつ、同時に医療監視を実施すべきこと。
> 4　提供された情報に対する適切な対応について
> 　住民、患者等からの医療機関に関する苦情、相談等については、各都道府県において、その適切な把握に努め、医療法違反が疑われる場合等については、医療監視を実施すること等により、適切に対処すること。

　「法令に照らし厳正に対処する」「数度にわたる医療監視を行う等により厳正に対処する」「告発を行う等により厳正に対処すべきこと」など厳しいことばかり書かれていますが、これらはすべて悪質な事案であったり、医療法上適正を欠く等の疑いのある医療機関であったり、医療監視に協力しない悪質な医療機関が対象です。

　特に問題のない医療機関への立入検査は診療所であれば１時間も掛からず終わりますし、ある程度の指導を受けることはあっても、何回

も立入検査が行われることはほとんどありません。

　ただし、診療所の場合は保健所へ届け出ている内容と現地の実態が異なるケースが結構多く、このような場合は当然指導の対象となります。これは医療法人が開設している診療所でも同様です。立入検査の事前通告があったときは保健所に届け出ている内容と実態が一致しているか確認することをお勧めします。

● 「医療法第25条第1項の規定に基づく立入検査の実施について」
（抜粋）

> ウ．診療所等の開設届後の現地確認について
> 　開設許可及び使用許可を必要としない診療所等について、その開設届の内容と現地での実態とが異なる事例が見受けられるところであるが、これらの診療所等に対しては、開設届を受理した後、現住所、建物等の構造設備、管理者、従事者等が届出内容と一致しているか、院内感染及び医療事故の未然防止、非営利性の徹底等の観点から問題がないかについて速やかに現地確認を行うよう努める。

　また、冒頭で、診療所に対しては新規開設や通報（タレコミ）等特別な事情がない限り、あまり立入検査は行われていないと述べましたが、「医療監視の実施方法等の見直しについて」に「提供された情報に対する適切な対応について」という項目があるように、住民、患者等からの医療機関に関する苦情、相談等があったときは、適切に対処することが求められています。

　このような通報（タレコミ）への対処は主に保健所が行っていますが、短時間であっても医療機関に立入検査に来ることが多いです。

　通知には住民、患者等と書かれていますが、何らかのトラブルで退職した元職員が通報（タレコミ）するケースもかなり多いので、少しでもトラブルがある退職者に対しては最大限の配慮をすべきです。

3 集団指導・集団的個別指導・個別指導・新規個別指導の違い

(1) 保険診療における指導の種類

　保険医療機関等に対して、保険診療の質的向上および適正化のために指導・監査等の行政指導が行われています。
　本項でいう指導とは被用者保険、国民健康保険、後期高齢者医療制度が対象であり、それ以外の公費医療は後述する別の指導となります（図表1－4）。

■図表1－4

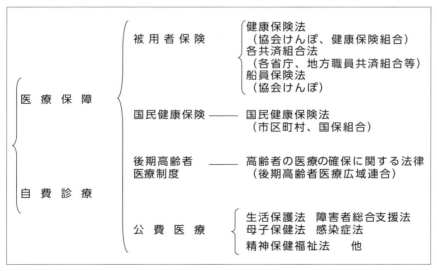

（厚生労働省「保険診療の理解ために【医科】平成30年度」より）

31

指導・監査の流れと指導の種類は**図表１－５**のとおりです。

■図表１－５

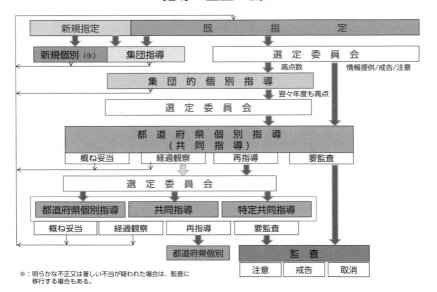

（厚生労働省ウェブサイト・保険診療における指導・監査のページより）

　本項では指導のうち、集団指導、集団的個別指導、個別指導、新規個別指導の違いについて解説します。

（2）指導に関する法令・大綱・通知

　指導の根拠となる法令は、健康保険法第73条、船員保険法第59条、国民健康保険法第41条、高齢者の医療の確保に関する法律第66条です。
　次に指導の基本的方針を定めた「指導大綱」（平成7年12月22日・保発第117号）と「指導大綱における保険医療機関等に対する指導の

取扱いについて」(平成 7 年 12 月 22 日・保険発第 164 号) があります。
　法令は当然ですが、上記の大綱と通知も厚生労働省のウェブサイトに公開されています。

　しかし、個別指導・監査については情報の公開がとても消極的で公開されていない資料が多数あります。たとえば、厚生労働省保険局で過去に行われた個別指導に関係する検討会は、原則非公開です。その理由として、厚生労働省は「指導・監査における具体的な手法など、公にすることにより、指導・監査の適切な遂行に支障を及ぼすおそれのある情報を扱うこととなるため」と説明しています。
　また、医療指導監査業務等実施要領の一部の不開示に対して開示すべきと異議申立が行われたこともあります。このときに、異議申立人は行政機関の保有する情報の公開に関する法律が施行されて以降、諮問事案に関する答申類型から処分庁の情報公開に対する消極的な姿勢が際立っているが、とりわけ保険医療機関に対する健康保険法第 73 条等に基づく指導・監査に関係する行政文書については原則不開示だと指摘しています。
　この異議申立も、部分開示とした原処分は妥当だとして棄却されています。

　このように、厚生労働省のウェブサイトでは公開されていませんが、個別指導についてとても重要な資料として、「指導大綱実施要領」と「医療指導監査業務等実施要領」があります。
　さらに、厚生労働省と日本医師会が合意した「指導の取扱いについて」(日本医師会から各都道府県医師会宛に平成 22 年 6 月 4 日に通知) という資料も重要です。

(3) 集団指導

　集団指導は、保険診療の取扱い、診療報酬請求事務、診療報酬の改定内容、過去の指導事例等について、講習、講演等の方法により行うものです。後述する集団的個別指導と違い、集団指導は欠席してもペナルティはないとされていますが、集団指導についても可能な限り参加すべきです。

　集団指導は新規指定時、診療報酬改定時に行われます。これは指導大綱にも明記されています。新規指定時の集団指導は、新規指定を受けてから概ね1年以内にすべての保険医療機関等を対象として実施されます。

(4) 集団的個別指導

　集団的個別指導は、指導対象となる保険医療機関等に対して、教育的観点から実施し、レセプト1件当たりの平均点数が高いことを認識させ、保険診療に対する理解を一層深めさせることを主眼として行われるもので、対象となる保険医療機関等を一定の場所に集めて、共通的な事項について行う集団部分と、個別に面接懇談方式で行う個別部分による講義形式により行うものです。後述する個別指導と違い、面接懇談方針で行う個別部分も個室ではなく広い会場を簡易なパーティション等で区切る程度なので、周りの会話が聞こえてしまうそうです。

　集団的個別指導の対象となる保険医療機関等は、下記の基準で選定されます。

レセプト1件当たりの平均点数が次の都道府県の平均点数の一定割合を超えるもの
・医科病院の場合は 1.1 倍
・医科診療所、歯科病院及び診療所、薬局の場合は 1.2 倍

> かつ、
> ・前年度及び前々年度に集団的個別指導又は個別指導を受けた保険医療機関等を除き、類型区分ごとの保険医療機関等の総数の上位より概ね8％の範囲のものが対象となる。

＜類型区分＞

《病院（下記（歯科を除く）：3区分（入院データ）》
① 一般病院
② 精神病院
③ 臨床研修指定病院・大学附属病院・特定機能病院

《医科診療所：12区分（入院外データ）》
① 内科（下記②、③の区分に該当するものを除き、呼吸器科、消化器科（胃腸科を含む）、循環器科、アレルギー科、リウマチ科を含む。）
② 内科（下記③の区分に該当するものを除き、在宅療養支援診療所に係る届出を行っているもの。）
③ 内科（人工透析を行うもの（内科以外で、人工透析を行うものを含む。））
④ 精神・神経科（神経内科、心療内科を含む。）
⑤ 小児科
⑥ 外科（呼吸器外科、心臓血管外科、脳神経外科、小児外科、こう門科、麻酔科を含む。）
⑦ 整形外科（理学診療科、リハビリテーション科、放射線科を含む。）
⑧ 皮膚科（形成外科、美容外科を含む。）
⑨ 泌尿器科（性病科を含む。）
⑩ 産婦人科（産科、婦人科を含む。）
⑪ 眼科
⑫ 耳鼻いんこう科（気管食道科を含む。）

《歯科及び薬局》
それぞれ1区分

　集団的個別指導の対象となるレセプトは、「指導大綱実施要領」に「できる限り検査・投薬等において特徴的な傾向が見られるもの、高点数のもの等、指導効果が期待できるものを使用すること」と書かれています。

　集団的個別指導の通知があったときは必ず出席してください。正当な理由がなく集団的個別指導を拒否すると個別指導の対象になってしまいます。

(5) 個別指導

　個別指導は保険医療機関等がもっとも嫌う指導の1つです。個別指導で指摘を受けた項目について診療報酬を返還（自主返還）することを求められますし、場合によっては保険医療機関等の指定が取り消される可能性もあるからです。

　個別指導には都道府県個別指導、共同指導、特定共同指導があります。

　都道府県個別指導は、地方厚生局および都道府県が共同で行うもので、個別指導とは一般的にこの都道府県個別指導のことを指します。

　共同指導は、厚生労働省ならびに地方厚生局および都道府県が共同で行うものです。

　特定共同指導は臨床研修指定病院や大学附属病院等や、複数の都道府県に保険医療機関等を開設している医療法人、その他緊急性を要する場合に、厚生労働省ならびに地方厚生局および都道府県が共同で行うものです。

　個別指導は原則として、病院は病院内において、診療所および薬局は地方厚生局の事務所・会議室等で行われます。つまり、病院は技官や事務官等が病院にきて、診療所と薬局は指定された場所に出向いて行うこ

とになります。

　また、原則として指導月以前の連続した2か月分のレセプトに基づき、関係書類等を閲覧し、面接懇談方式により行われます。指導対象となるレセプトの件数は30人分です。指導時間は、指導の目的が果たせる時間とし、原則として診療所および薬局は2時間、病院は3時間とされています。

　個別指導の選定基準は下記のとおりです。

（1）都道府県個別指導
① 支払基金等、保険者、被保険者等から診療内容又は診療報酬の請求に関する情報の提供があり、都道府県個別指導が必要と認められた保険医療機関等
② 個別指導の結果、第7の1の（2）に掲げる措置が「再指導」であった保険医療機関等又は「経過観察」であって、改善が認められない保険医療機関等
③ 監査の結果、戒告又は注意を受けた保険医療機関等
④ 集団的個別指導の結果、指導対象となった大部分の診療報酬明細書について、適正を欠くものが認められた保険医療機関等
⑤ 集団的個別指導を受けた保険医療機関等のうち、翌年度の実績においても、なお高点数保険医療機関等に該当するもの（ただし、集団的個別指導を受けた後、個別指導の選定基準のいずれかに該当するものとして個別指導を受けたものについては、この限りでない。）
⑥ 正当な理由がなく集団的個別指導を拒否した保険医療機関等
⑦ その他特に都道府県個別指導が必要と認められる保険医療機関等

（2）共同指導
① 過去における都道府県個別指導にもかかわらず、診療内容又は診療報酬の請求に改善が見られず、共同指導が必要と認められる保険医療機関等

② 支払基金等から診療内容又は診療報酬の請求に関する連絡があり、共同指導が必要と認められる保険医療機関等
③ 集団的個別指導を受けた保険医療機関等のうち、翌年度の実績においても、なお高点数保険医療機関等に該当するもの（ただし、集団的個別指導を受けた後、個別指導の選定基準のいずれかに該当するものとして個別指導を受けたものについては、この限りでない。）
④ その他特に共同指導が必要と認められる保険医療機関等

（3）特定共同指導
① 医師等の卒後教育修練や高度な医療を提供する医療機関である臨床研修指定病院、大学附属病院、特定機能病院等の保険医療機関
② 同一開設者に係る複数の都道府県に所在する保険医療機関等
③ その他緊急性を要する場合等であって、特に特定共同指導が必要と認められる保険医療機関等

(6) 新規個別指導

　個別指導は行政指導なので、行政手続法に基づいて行われなければなりません。
　しかし、新規個別指導は、厚生労働省のウェブサイトに公開されている「指導大綱」や「指導大綱における保険医療機関等に対する指導の取扱いについて」には記載がありません。
　前述した個別指導の選定基準は「指導大綱」から抜粋していますが、集団指導と違ってどこにも「新規指定の保険医療機関等」とは書かれていません。
　新規個別指導について書かれているのは、筆者が知る限りでは厚生労働省のウェブサイトで公開されていない「医療指導監査業務等実施要領」と、厚生労働省と日本医師会が合意した「指導の取扱いについて」のみです。「医療指導監査業務等実施要領」には新規指定から概

ね 6 か月を経過した保険医療機関等に実施すると書かれています。
　しかし、「医療指導監査業務等実施要領」の新規個別指導の関連法令等として挙げている法令・通知には、新規個別指導について書かれたものはありません。
　このように法的根拠のない新規個別指導ですが、実際に新規個別指導は行われています。
　日本弁護士連合会が平成 26 年 8 月 22 日付けで厚生労働大臣および各都道府県知事に提出した「健康保険法等に基づく指導・監査制度の改善に関する意見書」にも書かれていますが、個別指導の手続きは不透明です。

＜新規個別指導と個別指導の主な違い＞

実施通知	新　規	指導日の 1 か月前を目途に通知
	既指定	指導日の 1 か月前を目途に通知
患者名の通知	新　規	指導日の 1 週間前に、診療所は 10 名分、病院は 20 名分を FAX で連絡する。
	既指定	指導日の 1 週間前に、診療所は 20 名分、前日に 10 名分を FAX で連絡する。
指導実施時間	新規	原則として診療所は 1 時間、病院は 2 時間とする。
	既指定	原則として診療所は 2 時間、病院は 3 時間とする。
自主返還	新規	対象レセプト分のみの返還を求める。
	既指定	指導月前 1 年分を求める。ただし、施設基準の返還の場合は最大 5 年とする。
次段階への移行の教示	新規	正当な理由なく拒否した場合は、個別指導を行う。
	既指定	正当な理由なく拒否した場合は、監査を行う。

（「医療指導監査業務等実施要領」と「指導の取扱いについて」を基に作成）

　新規個別指導には、個別指導と違う点がいくつかあります。
　原則として指導月以前の連続した 2 か月分のレセプトに基づき、関

係書類等を閲覧し、面接懇談方式により行われるのは同じですが、指導対象となるレセプトの件数は、診療所および薬局は10人分程度、病院は20人分程度と少なく、指導時間も原則として診療所および薬局は1時間、病院は2時間とされています。

　さらに大きな違いは自主返還です。個別指導は、返還事項に係る全患者の指導月前1年分のレセプトについて自主返還を求められますが（ただし、施設基準の返還の場合は最大5年とされています）、新規個別指導では、指導対象となったレセプトについてのみ自主返還を求められます。

(7) 正当な理由として認められるもの

　健康保険法第73条に「保険医療機関及び保険薬局は療養の給付に関し、保険医及び保険薬剤師は健康保険の診療又は調剤に関し、厚生労働大臣の指導を受けなければならない。」と定められていますので、個別指導を拒否することは原則としてできません。

　集団的個別指導、個別指導、新規個別指導のいずれも正当な理由なく拒否することはできませんが、下記のような理由であれば指定日の変更を申し出ることはできます。

- 開設者、管理者が入院中で出席できない場合
- 指導通知前に海外渡航しており、指導日までに帰国しない場合
- 冠婚葬祭（ただし、親族に限る）
- 天災その他やむを得ない事情により、指導に出席できない場合

なお、下記のような理由は正当な理由として認められないそうです。

- 選定理由等について自分が納得する説明が得られなければ出席しない場合
- 行政が必要として通知した資料の持参が著しく不足し、指導が困難な場合
- 行政が必要としている立会者は不要と主張し、行政としての必要

性に理解を示さない場合
・会場に来ても、指導を受ける意思がない場合
・上記のほか、指導の進行にあたり行政の指揮に従わない場合

(8) 個別指導の結果

　個別指導終了後、指導担当者は保険医療機関等に対し、口頭で指導結果を説明し、後日、別途速やかに指導結果（指摘事項および指導後の措置）を文章で通知することになっています。文章による通知は個別指導後1か月〜1か月半位に出されるようです。
　個別指導後の措置は下記の4区分です。

概ね妥当	診療内容および診療報酬の請求に関し、概ね妥当適切である場合。
経過観察	診療内容または診療報酬の請求に関し、適正を欠く部分が認められるものの、その程度が軽微で、診療担当者等の理解も十分得られており、かつ、改善が期待できる場合。 なお、経過観察の結果、改善が認められないときは、当該保険医療機関等に対して再指導を行う。
再指導	診療内容または診療報酬の請求に関し、適正を欠く部分が認められ、再度指導を行わなければ改善状況が判断できない場合。 なお、不正または不当が疑われ、患者から受療状況等の聴取が必要と考えられる場合は、速やかに患者調査を行い、その結果を基に当該保険医療機関等の再指導を行う。患者調査の結果、不正または著しい不当が明らかとなった場合は、再指導を行うことなく当該保険医療機関等に対して「監査要綱」に定めるところにより監査を行う。
要監査	指導の結果、「監査要綱」に定める監査要件に該当すると判断した場合。 この場合は、後日速やかに監査を行う。

　さらに、前述したように自主返還を求められます。
　自主返還と聞くと自主的なのかと思いがちですが、「医療指導監査

業務等実施要領」に「保険医療機関等に自主点検を行わせ、返還同意書等必要な書類の提出を求める。」と命令調で書かれているように半ば強制です。ただし、あくまで返還する金額は保険医療機関等が計算するので自主返還と呼ばれています。

なお、集団的個別指導では自主返還は求められません。

(9) 指導の実施状況

平成28年度における保険医療機関等の指導の実施状況は下記のとおりです。

■図表1-6

1．指導の実施状況

(1) 個別指導

区　分	医　科	歯　科	薬　局	合　計
保険医療機関等	1,601件	1,324件	1,598件	4,523件
保　険　医　等	4,986人	1,979人	2,326人	9,291人

(2) 新規個別指導

区　分	医　科	歯　科	薬　局	合　計
保険医療機関等	2,154件	1,599件	2,420件	6,173件
保　険　医　等	2,918人	1,613人	2,880人	7,411人

(3) 集団的個別指導

区　分	医　科	歯　科	薬　局	合　計
保険医療機関等	4,630件	4,920件	4,130件	13,680件

（「平成28年度における保険医療機関等の指導・監査等の実施状況」より）

ところで、保険医療機関を新規に開設すると新規個別指導が必ず行

われると信じている方が結構いますが、新規個別指導は必ず行われるとは限りません。

　「平成28年医療施設（動態）調査」によると、平成27年10月～平成28年9月までに新規に開設された病院は96施設、一般診療所は7,206施設、歯科診療所は1,702施設でした。

　医科の新規個別指導は2,154件なので、割合は2,154件÷（病院96施設＋一般診療所7,206施設）×100＝29.49％です。歯科の新規個別指導は1,599件なので、割合は1,599件÷歯科診療所1,702施設×100＝93.94％です。

　歯科は、新規に開設された診療所のほぼすべてに対して新規個別指導が行われていますが、医科は29.49％と、新規個別指導が行われないところのほうが多いことがわかります。

　ちなみに「医療指導監査業務等実施要領」には新規個別指導は「新規指定から概ね6か月経過後、1年以内に実施する。」と書かれているので、新規に開設してから1年6か月が経過しても新規個別指導の通知が来ないときは、新規個別指導は行われないと思って差し支えないと思います。

　なかには新規に開設してから3年経ったあとに、個別指導の通知がきた診療所もあります。3年経っているので、新規個別指導ではなく個別指導です。

　新規に開設してから集団的個別指導もなかったので、保険者等から情報提供があったのかもしれません。「平成28年度における保険医療機関等の指導・監査等の実施状況」によると、保険者等（保険者、医療機関従事者等、医療費通知に基づく被保険者等）からの情報提供が端緒となった保険医療機関等の指定取消等は18件ありました。

4 集団的個別指導に対する診療所の対応

(1) 保険医療機関が集団的個別指導を嫌う理由

　指導には集団指導、集団的個別指導、個別指導、新規個別指導がありますが、保険医療機関は個別指導をもっとも嫌がります。個別指導で指摘を受けた項目について診療報酬の自主返還を求められますし、場合によっては保険医療機関の指定が取り消される可能性もあるからです。

　個別指導の選定基準は前項に記載済みですが、一般的な個別指導である都道府県個別指導の選定基準を改めて記載します。

＜都道府県個別指導の選定基準＞ （下線は筆者）

① 　支払基金等、保険者、被保険者等から診療内容又は診療報酬の請求に関する情報の提供があり、都道府県個別指導が必要と認められた保険医療機関等
② 　個別指導の結果、第7の1の(2)に掲げる措置が「再指導」であった保険医療機関等又は「経過観察」であって、改善が認められない保険医療機関等
③ 　監査の結果、戒告又は注意を受けた保険医療機関等
④ 　集団的個別指導の結果、指導対象となった大部分の診療報酬明細書について、適正を欠くものが認められた保険医療機関等
⑤ 　集団的個別指導を受けた保険医療機関等のうち、翌年度の実績においても、なお高点数保険医療機関等に該当するもの（ただし、集団的個別指導を受けた後、個別指導の選定基準のいずれかに該

> 　当するものとして個別指導を受けたものについては、この限りでない。)
> ⑥　正当な理由がなく集団的個別指導を拒否した保険医療機関等
> ⑦　その他特に都道府県個別指導が必要と認められる保険医療機関等

　都道府県個別指導には7つの選定基準がありますが、このうち3つは集団的個別指導が関係しています。
　このため、多くの保険医療機関は集団的個別指導の対象となることを嫌います。集団的個別指導を受けると個別指導を受ける確率がかなり高くなるからです。
　集団的個別指導の選定基準も前項に記載済みですが、本項においてとても重要なことなので改めて記載します。

> レセプト1件当たりの平均点数が次の都道府県の平均点数の一定割合を超えるもの
> ・医科病院の場合は1.1倍
> ・医科診療所、歯科病院および診療所、薬局の場合は1.2倍
> 　　　かつ、
> ・前年度および前々年度に集団的個別指導又は個別指導を受けた保険医療機関等を除き、類型区分ごとの保険医療機関等の総数の上位より概ね8％の範囲のものが対象となる。

　本書のタイトルに「クリニックの…」とあるように、本書は診療所の対応を前提としているため、本項は以後、診療所の対応について説明します。
　診療所の集団的個別指導の選定基準を要約すると、レセプトの平均点数が都道府県の平均点数より1.2倍以上であり、かつ、類型区分ごとの概ね上位8％以内となります。
　ちなみに、平均点数の1.2倍の点数を「基準点数」といいます。

(2) 都道府県の平均点数

　集団的個別指導の対応は、何よりもまず都道府県の平均点数を把握することが重要です。都道府県の平均点数の1.2倍以上だと集団個別指導の対象となる確率がかなり高くなるからです。

　集団的個別指導の選定基準は平均点数の1.2倍、かつ、概ね上位8%となっていますが、上位8%は"概ね"であり、不確実な基準です。したがって、平均点数の1.2倍以上の場合には集団的個別指導の対象になると考えたほうが無難だと思われます。

　都道府県の平均点数については、いくつか調べる方法があります。まず、地方厚生局のウェブサイトにその地方厚生局管内の各都道府県の診療科別平均点数が掲載されています。

■図表1－7

管内各都県の保険医療機関等の診療科別平均点数について

平成30年度

茨城県（PDF）	栃木県（PDF）	群馬県（PDF）	埼玉県（PDF）	千葉県（PDF）
東京都（PDF）	神奈川県（PDF）	新潟県（PDF）	山梨県（PDF）	長野県（PDF）

- 集団的個別指導及び個別指導の選定の概要について（PDF）
- 管内各都県の保険医療機関等の診療科別平均点数についてのお問い合わせ先は、管轄する各都県事務所（埼玉県は指導監査課）になります。

（関東信越厚生局ウェブサイトより）

　次に各都道府県の保険医協会のウェブサイトから調べることもできます。地方厚生局のウェブサイトは平均点数だけしか掲載されていませんが、保険医協会は平均点数や基準点数だけでなく、集団的個別指導や個別指導の選定数、集団的個別指導に選定された診療所の平均点数まで公開している都道府県もあります。

第1章　指導・監査の基礎知識

　ただし、保険医協会によって公開している内容は異なりますし、保険医協会の会員でないと閲覧できない保険医協会もあります。

■図表１−８

表2　類型区分ごとの各科別平均点数 東京都

類型区分 (診療所)		平均点 (院内処方・ 院外処方を含む)	基準平均点 (平均点×1.2) (病院は、×1.1)	集団的 個別指導 選定数
内科	(その他)	1,209	1,451	146
	(在宅支援診)	1,673	2,008	95
	(人工透析)	9,523	11,428	21
精神・神経科		1,486	1,783	26
小児科		1,277	1,532	9
外科		1,353	1,624	13
整形外科		1,294	1,553	36
皮膚科		739	887	37
泌尿器科		1,107	1,328	2
産婦人科		1,114	1,337	26
眼科		801	961	49
耳鼻咽喉科		1,007	1,208	21
			診療所小計	481
一般病院 (老人病院を含む)		52,344	57,578	27
精神病院		38,076	41,884	1
臨床研修病院等		62,396	68,636	7
			病院小計	35

（東京保険医協会ウェブサイトより）

47

(3) 集団的個別指導に対する診療所の対応

　もっとも基本的なことは、都道府県の平均点数の1.2倍未満になるよう意識することです。この基本を知らないドクターは案外多いです。特に開業したばかりのドクターや、若い勤務医はこの基本を知らないことが多いです。

　若い勤務医を分院の管理者にした医療機関でありがちなのは、若い勤務医が集団的個別指導のことを知らずに高点数を請求し続けた結果、集団的個別指導の通知を受けるというケースです。「ドクターなので集団的個別指導のことは知っているはず」と思い込まず、勤務医には集団的個別指導や基準点数のことを一度は説明すべきです。

　また、分院の収入が増えたことをただ喜ぶだけでなく、収入が増えた理由もしっかりと把握すべきです。

　次に基本となるのは平均点数の算出に使用するレセプトを知ることです。

　医科の病院は本人・入院分、医科の診療所は本人・入院外分（小児科および産婦人科については家族・入院外分）、歯科は本人・入院外分のレセプトで1件当たりの平均点数を算出します。

　診療所は本人・入院外分なので、有床診療所も本人・入院外分のレセプトで算出します。

●指導大綱関係実施要領（抜粋）

第4　レセプト1件当たりの平均点数の算出等
　集団的個別指導並びに指導大綱第4の4の（1）の⑤及び（2）の③に掲げる個別指導の対象となる保険医療機関等の選定に用いるレセプト1件当たりの平均点数の算出は、当面、次により行うこと。

1　使用する基礎データ

第1章 指導・監査の基礎知識

> 　レセプト1件当たりの平均点数の算出基礎となるデータは、支払基金及び国保連合会からのデータによること
> 2　算出に使用するレセプトの種類
> 　レセプト1件当たりの平均点数の算出に使用するレセプトの種類は、一般分及び後期高齢者分とし、区科の病院にあっては本人及び家族の入院分、診療所にあっては本人及び家族の入院外分（小児科にあっては家族の入院外分）、歯科にあっては本人及び家族の入院外分、薬局にあっては本人及び家族分とする。

（厚生労働省のウェブサイトで非公開の資料）

　このことを知らずに、集団的個別指導の対象となることを避けようと、入院分についても本来算定できる点数をあえて算定しない有床診療所がありました。

　次に知っておくべきなのは、院外処方と院内処方の調整の仕方です。
　以前に「院外処方の場合は調剤薬局で算定する点数も含めて基準点数を計算するので、院外処方でも高い薬ばかり処方していると集団的個別指導に呼ばれる」と先輩のドクターから聞いたが本当ですか？という質問を受けたことがありますが、これはまったくのデタラメです。
　医療業界はこのような都市伝説的なうわさ話が本当に多いので注意が必要です。
　院外処方の場合は、類型区分ごとに調整点数が決められています。類型区分ごとの調整点は都道府県によって異なりますし、年度によっても異なるので、地方厚生局か保険医協会に問い合わせてください。

　医療業界のうわさ話といえば、「集団的個別指導を受けたあと2年間は点数を抑えていれば大丈夫」というものもあります。
　このうわさ話には一応根拠があります。個別指導の選定基準に「集団的個別指導を受けた保険医療機関等のうち、翌年度の実績において

49

も、なお高点数保険医療機関等に該当するもの」がありますし、集団的個別指導の選定基準にも「前年度及び前々年度に集団的個別指導又は個別指導を受けた保険医療機関等を除き、類型区分ごとの保険医療機関等の総数の上位より概ね8％の範囲のものが対象となる。」とあるからです。

しかし、個別指導の選定基準は「集団的個別指導の結果、指導対象となった大部分の診療報酬明細書について、適正を欠くものが認められた保険医療機関等」や「その他特に都道府県個別指導が必要と認められる保険医療機関等」です。

実際に、個別指導は、基準点数以下の保険医療機関でも対象になっています。

集団的個別指導については、確かに集団的個別指導を受けたあと2年間は点数を抑えればよいかもしれませんが、個別指導については平均点数以外でも対象になり得るので、高点数と平均点数並を繰り返すことは危険であり、日頃から基準点数以下にすることを心がけるべきだと思います。

なお、類型区分の判定は第一標榜科で行うそうです。残念ながら、少なくとも筆者は「第一標榜科で判定する」と書かれた公的文書を見たことがなく、根拠となる資料を示すことはできません。

しかし、類型区分によってかなり平均点数に差があります。たとえば、関東信越厚生局が公表している平成30年度東京都内の保険医療機関等の診療科別平均点数一覧表によると、内科（人工透析以外（その他））の平均点数は1,209点なのに対し、精神・神経科の平均点数は1,486点です。

もし、標榜科目が内科、精神科だと類型区分は内科となり、1,209点が平均点数になりますが、標榜科目が精神科、内科だと類型区分は精神科となり、1,486点が平均点数になります。集団的個別指導への対応としては、第一標榜科はとても重要です。

最後に、本項でいう指導とは被用者保険、国民健康保険、後期高齢者医療制度が対象です。
　以前に集団時個別指導を避けるために点数を抑えた診療所が、労働者災害補償保険や自動車損害賠償責任保険などの自由診療も抑えてしまったケースがありますが、これは平均点数にまったく関係なく、ただの減収です。
　平均点数はあくまで被用者保険、国民健康保険、後期高齢者医療制度のレセプトを基に算出されるので、生活保護などの公費医療や自由診療は平均点数とは関係ありません。

5 生活保護・自立支援医療機関の指導、労災保険

(1) 生活保護法指定医療機関に対する指導

　前項まで保険医療機関等に対する指導について説明してきましたが、多くの医療機関は保険医療機関だけでなく、生活保護や自立支援医療の指定も受けています。

　このため、保険医療機関に対する指導とは別に、生活保護法指定医療機関や指定自立支援医療機関に対しても指導が行われることがあります。

　まず、生活保護法指定医療機関に対する指導ですが、生活保護法第54条に基づき行われます。

●生活保護法

（指定医療機関の義務）
第50条　第49条の規定により指定を受けた医療機関（以下「指定医療機関」という。）は、厚生労働大臣の定めるところにより、懇切丁寧に被保護者の医療を担当しなければならない。
2　指定医療機関は、被保護者の医療について、厚生労働大臣又は都道府県知事の行う指導に従わなければならない。

（報告等）
第54条　都道府県知事（厚生労働大臣の指定に係る指定医療機関については、厚生労働大臣又は都道府県知事）は、医療扶助に関して必要があると認めるときは、指定医療機関若しくは指定医療

> 機関の開設者若しくは管理者、医師、薬剤師その他の従業者であつた者(以下この項において「開設者であつた者等」という。)に対して、必要と認める事項の報告若しくは診療録、帳簿書類その他の物件の提出若しくは提示を命じ、指定医療機関の開設者若しくは管理者、医師、薬剤師その他の従業者(開設者であつた者等を含む。)に対し出頭を求め、又は当該職員に、関係者に対して質問させ、若しくは当該指定医療機関について実地に、その設備若しくは診療録、帳簿書類その他の物件を検査させることができる。
> 2　第28条第3項及び第4項の規定は、前項の規定による検査について準用する。

保険医療機関に対する指導は地方厚生局が行いますが、生活保護法指定医療機関に対する指導は都道府県・指定都市および保護の実施機関として福祉事務所が行います。

生活保護法指定医療機関に対する指導に関する通知として、「生活保護法による医療扶助運営要領」(昭和36年9月30日・社発第727号)と「生活保護法施行事務監査並びに指定医療機関に対する指導及び検査の実施における主眼事項及び着眼点について」(平成12年3月31日・社援監第4号)があります。

指導は一般指導と個別指導があります。

●「生活保護法による医療扶助運営要領」(抜粋)

> (4)　指導方法等
> 　ア　一般指導
> 　　(ア)　指導方法
> 　　　　周知徹底を図る内容に応じ、以下の方法等により行うこと。
> 　　a　講習会方式による講習・講演
> 　　b　全ての指定医療機関に対する広報及び関係機関、関係団体等を通じた周知

>   c　新規指定医療機関に対する制度理解のための文書配布
>   （イ）　実施上の留意点
>   講習会方式で実施する場合において、指導対象となる指定医療機関を決定した時は、あらかじめ一般指導の日時、場所、出席者、指導内容等を文書により当該指定医療機関に通知すること。
>   イ　個別指導
>   （ア）　実施通知
>   厚生労働大臣又は都道府県知事は、指導対象となる指定医療機関を決定したときは、あらかじめ次に掲げる事項を文書により当該指定医療機関に通知すること。
>   なお、共同指導を実施する場合には、当該通知に厚生労働大臣及び都道府県知事が共同で行うことを明記すること。
>   a　個別指導の目的
>   b　個別指導の日時及び場所
>   c　出席者
>   d　準備すべき書類等
>   （イ）　指導方法
>   個別指導は、被保護者の医療給付に関する事務及び診療状況等について診療録その他の帳簿書類等を閲覧するとともに、関係者から説明を求め、面接懇談方式で行うこと。なお、個別指導を行う前に、被保護者から受療状況等の聴取が必要と考えられるときは、福祉事務所の協力を得ながら速やかに聴取を行い、その結果を基に当該指定医療機関の指導を行うこと。

　講習会形式で行われる一般指導は定期的に行われているようですが、個別指導はあまり行われていないようです。なお、生活保護法指定医療機関に対する個別指導については第4章で詳しく紹介します。
　個別指導の結果、診療報酬の過払いが認められた場合は、返還を求

められることがありますし、下記に掲げる検査の選定項目に該当すると判断された場合には、後日検査が行われることになります。

なお、指導中に診療内容または診療報酬の請求について、明らかに不正または著しい不当を確認した場合には、個別指導を中止し、直ちに検査を行うことができるとされています。

＜検査の選定項目＞

> ア　診療内容に不正または著しい不当があったことを疑うに足りる理由があるとき。
> イ　診療報酬の請求に不正または著しい不当があったことを疑うに足りる理由があるとき。
> ウ　度重なる個別指導によっても診療内容または診療報酬の請求に改善が見られないとき。
> エ　正当な理由がなく個別指導を拒否したとき。

検査が行われると指定取消、効力停止、診療報酬の返還措置が行われる可能性があります。

診療報酬の返還ですが、「生活保護法による医療扶助運営要領」には指導後の措置等として経済上の措置について記載はないので、あくまで自主返還となりますが、検査後の措置等には経済上の措置が明記されており、診療報酬の返還は強制的に行われます。

さらに検査での診療報酬の返還は、返還額に100分の40を乗じて得た金額も支払うことになります。

●「生活保護法による医療扶助運営要領」（抜粋）

> （4）　経済上の措置
> 　ア　都道府県知事は、検査の結果、診療および診療報酬の請求に関し不正又は不当の事実が認められ、これに係る返還金が生じた場合には、すみやかに支払基金に連絡し、当該指定医療機関

に支払う予定の診療報酬額からこれを控除させるよう措置すること。ただし、当該指定医療機関に翌月以降において控除すべき診療報酬がない場合は、これを保護の実施機関に直接返還させるよう措置すること。
イ 不正又は不当の診療および診療報酬の請求があったが、未だその診療報酬の支払いが行なわれていないときは、都道府県知事は、すみやかに支払基金に連絡し、当該指定医療機関に支払うべき診療報酬額からこれを控除させるよう措置すること。
ウ 指定の取消しの処分を行った場合、又は期間を定めてその指定の全部若しくは一部の効力停止の処分を行った場合には、原則として、法第78条第2項の規定により返還額に100分の40を乗じて得た額も保護の実施機関に支払わせるよう措置すること。

(2) 指定自立支援医療機関に対する指導

指定自立支援医療機関に対する指導は、「障害者の日常生活及び社会生活を総合的に支援するための法律」(以下、障害者総合支援法)第66条に基づき行われます。

●障害者総合支援法

(都道府県知事の指導)
第63条 指定自立支援医療機関は、自立支援医療の実施に関し、都道府県知事の指導を受けなければならない。

(報告等)
第66条 都道府県知事は、自立支援医療の実施に関して必要があると認めるときは、指定自立支援医療機関若しくは指定自立支援医療機関の開設者若しくは管理者、医師、薬剤師その他の従業者であった者(以下この項において「開設者であった者等」という。)

> に対し報告若しくは診療録、帳簿書類その他の物件の提出若しくは提示を命じ、指定自立支援医療機関の開設者若しくは管理者、医師、薬剤師その他の従業者（開設者であった者等を含む。）に対し出頭を求め、又は当該職員に関係者に対して質問させ、若しくは指定自立支援医療機関について設備若しくは診療録、帳簿書類その他の物件を検査させることができる。
> 2　第9条第2項の規定は前項の規定による質問又は検査について、同条第3項の規定は前項の規定による権限について準用する。
> 3　指定自立支援医療機関が、正当な理由がなく、第一項の規定による報告若しくは提出若しくは提示をせず、若しくは虚偽の報告をし、又は同項の規定による検査を拒み、妨げ、若しくは忌避したときは、都道府県知事は、当該指定自立支援医療機関に対する市町村等の自立支援医療費の支払を一時差し止めることを指示し、又は差し止めることができる。

　指定自立支援医療機関に対する指導は、都道府県および指定都市が行います。指定自立支援医療機関に対する指導に関する通知として「指定障害福祉サービス事業者等の指導監査について」（平成26年1月23日・障発0123第2号）があります。

　指導は集団指導と実地指導があります。

●「指定障害福祉サービス事業者等の指導監査について」（抜粋）

> 3　指導形態等
> 　指導の形態は、通常次のとおりとする。
> (1)　集団指導
> 　集団指導は、都道府県又は市町村が、下記により、その内容に応じ一定の場所に集めて講習等の方法により行う。
> 　　①　指定の権限を持つ障害福祉サービス事業者等に対する指導が必要な場合

② 自立支援給付に関して必要があると認める場合
　　なお、都道府県が集団指導を実施した場合には、管内の市町村に対し、当日使用した資料を送付する等、その内容等について周知する。
　　また、市町村が集団指導を実施した場合には、都道府県に対し、当日使用した資料を送付する等、情報提供を行う。
(2) 実地指導
　実地指導は、都道府県又は市町村が、下記により、障害福祉サービス事業者等の事業所において実地に行う。
　　① 指定の権限を持つ障害福祉サービス事業者等に対して必要があると認める場合
　　② 自立支援給付に関して必要があると認める場合

　最近は集団指導の一環として、すべての指定自立支援医療機関に対して自己点検が実施されているようです。

　居宅介護、重度訪問介護、療養介護、生活介護、共同生活介護、障害者支援施設等の障害福祉サービス事業所には実施指導は定期的に行われていますが、指定自立支援医療機関に対する実地指導はほとんど行われていないようです。

　実地指導の結果、不正または著しい不当が認められる場合またはその疑いがある場合は、実地指導を中止し、直ちに監査が行われることになります。

　監査が行われると指定取消、効力停止、自立支援医療費の返還が行われる可能性があります。

　自立支援医療費の返還は、障害者総合支援法に「支払わせることができる」と書かれており、強制的に行われます。また、生活保護法による場合と同様に返還額に100分の40を乗じて得た金額も支払うことになります。

●障害者総合支援法

> （不正利得の徴収）
> 第8条　市町村（政令で定める医療に係る自立支援医療費の支給に関しては、都道府県とする。以下「市町村等」という。）は、偽りその他不正の手段により自立支援給付を受けた者があるときは、その者から、その自立支援給付の額に相当する金額の全部又は一部を徴収することができる。
> 2　市町村等は、第29条第2項に規定する指定障害福祉サービス事業者等、第51条の14第1項に規定する指定一般相談支援事業者、第51条の17第1項第1号に規定する指定特定相談支援事業者又は第54条第2項に規定する指定自立支援医療機関（以下この項において「事業者等」という。）が、偽りその他不正の行為により介護給付費、訓練等給付費、特定障害者特別給付費、地域相談支援給付費、計画相談支援給付費、自立支援医療費又は療養介護医療費の支給を受けたときは、当該事業者等に対し、その支払った額につき返還させるほか、その返還させる額に100分の40を乗じて得た額を支払わせることができる。
> 3　前二項の規定による徴収金は、地方自治法（昭和22年法律第67号）第231条の3第3項に規定する法律で定める歳入とする。

(3) 労働者災害補償保険

　労働者災害補償保険も生活保護や自立支援医療と同様に指定申請を受けますが、今のところ労災保険指定医療機関に対する指導というものはありません。

　「労災保険指定医療機関療養担当規程」（平成7年7月25日・基発第476号）第21に指定の取消しの定めはありますが、指導や監査などの定めがないからです。

● 「労災保険指定医療機関療養担当規程」

> （指定の取消）
> 第21　指定医療機関が、次の各号の一に該当する場合においては、都道府県労働局長は、その指定を取り消すことができる。
> 　1　診療費用の請求に関し、不正行為があったとき
> 　2　関係法令及び本規程に違反したとき
> ②　前項により指定の取消しを受けた医療機関の開設者が当該決定に不服のあるときは、決定の通知を受けた日から60日以内に指定取消しを行った都道府県労働局長に再調査を申し出ることができる。

　しかし、「地方厚生局等から提供された診療報酬返還等に関する情報提供の労災診療費審査業務への活用等について」（平成25年4月8日・基労発0408第1号）や「地方厚生局等から提供された診療報酬返還等に関する情報の労災診療費審査業務への活用等における留意事項について（平成25年4月8日・基労補発0408第1号）」といった通知が出ています。

　これらの通知は会計検査院からの改善処置要求に基づいています。会計検査院は「合規性、効率性等の観点から、保険医療機関でもある指定医療機関等が、地方厚生局等の個別指導等を受けて、過大に支払われていた診療報酬を自主返還するなどしている場合に、労災診療費についても同様の誤った算定をしていないか、過大に支払われた労災診療費についても返還しているかなどに着眼して、診療報酬の自主返還を行っていた保険医療機関でもある23指定医療機関等に対して貴省が16年度から23年度までの間に支払った労災診療費計697件、支払金額4億0470万余円を対象として検査」（「地方厚生局等が保有している診療報酬返還情報等を活用した労災診療費の支払に係る事後確認について」（平成24年10月5日・24検第582号）より抜粋）し、労災診療費についても診療報酬と同様に算定を誤っていた事態が見受

けられたと指摘しています。

その結果、会計検査院は下記のことについて改善処置を要求しました。

● 「地方厚生局等が保有している診療報酬返還情報等を活用した労災診療費の支払に係る事後確認について」(抜粋)

> 労災診療費の支払は毎年度多額に上っており、また、前記のとおり、保険医療機関でもある指定医療機関等は、労災診療費を算定する際に、原則として、診療報酬と同様に健保点数を用いて算定することとなっていることから、労災診療費について、地方厚生局等が保有している診療報酬返還情報等を活用して労災診療費の支払に係る事後確認を行うことは、労災診療費の支払の一層の適正化を資することとなる。
>
> ついては、貴省において、地方厚生局等が保有している診療報酬返還情報等を活用して労災診療費の支払に係る事後確認を適切かつ効果的に行うよう、次のとおり改善の処置を要求する。
> 　ア　労働局が地方厚生局等から診療報酬返還情報等の提供を受けられる体制を整備すること
> 　イ　労働局に対して、地方厚生局等から得られた診療報酬返還情報等を活用して労災診療費の支払に係る事後確認を行うよう指導すること

なお、会計検査院からの改善処置要求の後も、少なくとも筆者は労災保険指定医療機関が調査を受けたという話を聞いたことはありません。

6 電子カルテと個別指導

(1) 電子カルテの普及状況

　政府は医療機関のデータのデジタル化を進めており、400床以上の一般病院の電子カルテ普及率について2020年度に90％を目標としていますが、今のところ目標を下回る普及率となっています。

①　医療情報連携ネットワークの全国への普及・展開【2018年度まで】
　　（全ての二次医療圏が地域の実情に応じて医療情報連携ネットワークを活用できる基盤を整備）
　→　医療機関や介護事業者等での効率的な情報共有が可能となる。
②　医療機関のデータのデジタル化として電子カルテを導入している一般病院（400床以上）の拡大
　　【2011年度57％ → 2017年度80％ → 2020年度90％】
　→　医療の質の向上、医療機関等の経営の効率化に資する。　※高度急性期、急性期病院は100％を目指す

（厚生労働省「第1回　保健医療分野におけるICT活用推進懇談会」資料より）

電子カルテシステムの普及状況の推移

出典：医療施設調査（厚生労働省）

	一般病院 （※1）	病床規模別 400床以上	病床規模別 200〜399床	病床規模別 200床未満	一般診療所 （※2）
平成20年	14.2% (1,092／7,714)	38.8% (279／720)	22.7% (313／1,380)	8.9% (500／5,614)	14.7% (14,602／99,083)
平成23年 （※3）	21.9% (1,620／7,410)	57.3% (401／700)	33.4% (440／1,317)	14.4% (779／5,393)	21.2% (20,797／98,004)
平成26年	34.2% (2,542／7,426)	77.5% (550／710)	50.9% (682／1,340)	24.4% (1,310／5,376)	35.0% (35,178／100,461)

【注釈】
（※1）一般病院とは、病院のうち、精神科病床のみを有する病院及び結核病床のみを有する病院を除いたものをいう。
（※2）一般診療所とは、診療所のうち歯科医業のみを行う診療所を除いたものをいう。
（※3）平成23年は、宮城県の石巻医療圏、気仙沼医療圏及び福島県の全域を除いた数値である。

（未来投資会議構造改革徹底推進会合「健康・医療・介護」会合（第1回）資料より）

電子カルテの普及があまり進まない理由として、電子カルテの導入費用が高いことがよく挙げられています。電子カルテを導入するメリットは、収入増加ではなく経費削減だと言われており、導入費用に見合うほどの効果が期待できないのかもしれませんし、そもそも導入費用を支払うだけの余裕がないのかもしれません。
　また、電子カルテを導入した医療機関から後悔の声を聞くこともあります。そのため、まだ紙カルテを使用している医療機関が電子カルテの導入を先送りしているケースもあるようです。
　電子カルテ導入を後悔する理由は、紙カルテよりも入力に時間がかかる、電子カルテが使いづらいなどの他に、電子カルテを導入したら点数を算定しづらくなった、電子カルテ導入後の個別指導で多額の自主返還をすることになったなどもあります。

(2) 電子カルテは入力日時のログが残る

　基本的に、電子カルテでも紙カルテでも保険診療のルールに差はありません。
　最大の違いは、電子カルテは入力日時のログが残る点です。たとえば、初診料・再診料を算定しているリハビリテーションは無診察リハビリは認められていません。そのため、医師はリハビリテーションを行うすべての患者に対して、リハビリテーション前に必ず診察を行い、診療録に病理学的所見などの評価項目を記載しなければなりません。
　ここでのポイントはリハビリテーション前に診察を行ったかどうかです。電子カルテの場合はログを見ると入力日時がわかるため、リハビリテーションの後に入力したのかどうかがわかります。本当はリハビリテーション前に診察していても電子カルテへの入力を後日行うと、改ざんとみなされて指導の対象になってしまいます。
　実際に電子カルテ導入後の個別指導でリハビリテーションの無診察について指摘を受け、多額の診療報酬を自主返還した医療機関は実在

します。

　入力日時の問題は無診察だけではありません。たとえば、リハビリテーションは実施時刻（開始時刻と終了時刻）の記録をカルテに記載しなければなりませんが、電子カルテの場合はこれもログで入力日時を確認できます。実際に、電子カルテ導入後の個別指導で開始時刻が少し遅れたり、終了時刻が少し早かった患者について「所定の実施時間に満たない」と指導を受け、診療報酬を自主返還した医療機関は実在します。

　さらにリハビリテーションの実施にあたっては、医師は定期的な機能検査等をもとに、その効果判定を行い、リハビリテーション実施計画を作成する必要がありますし、その後3か月に1回以上患者に対してリハビリテーション実施計画の内容を説明し、カルテにその要点を記載する必要がありますが、電子カルテでは、このリハビリテーション実施計画についての記載もログで入力日時を確認することができます。

　本当はリハビリテーション実施計画の内容説明を患者に対して適切に行っているのに、電子カルテへの入力を後日行うと改ざんとみなされて指導の対象になってしまいます。

　このようにリハビリテーションだけでも、入力日時のログから指摘を受けたケースがあります。ご参考までに九州厚生局管内で平成28年度に行われた個別指導の指摘事項をご紹介します。

> 　電子カルテシステムを使用しているが、診察日から半年近くたった指導日前に診察内容をさもその診察日に記載したかのように追記している例が認められた。このような不適切な行為は診療録の改竄とみなされかねない。保険診療を行う保険医、保険医療機関として、あるまじき行為であり、非常に遺憾である。今後厳に慎むこと。
> 　なお、このような不適切な取り扱いで算定要件の内容を追記したものについては算定できない。

　紙カルテでも改ざんは厳禁ですが、記載した日時の確認が取れない

等、電子カルテに比べると制限が少なく、多少遅れても診察の事実、リハビリテーションの実施時刻、リハビリテーション実施計画の内容説明の事実をちゃんと記載さえしていれば、個別指導で日時を問題とする指摘を受けることはあまりなかったと思います。

(3) 電子カルテと個別指導

　個別指導は原則として病院は病院内において、診療所および薬局は地方厚生局の事務所・会議室等で行われます。ですから、病院に対する個別指導は真っ先に電子カルテのログを確認されるそうです。

　しかし、診療所は地方厚生局の事務所・会議室等に出向くので、電子カルテの場合はカルテを印刷して持参することになりますが、持参するカルテのログの扱いは地方厚生局によって異なるようです。

　本稿執筆時点では、ログが記載されたカルテの持参を要求していない地方厚生局のほうが多いようですが、ログが記載されたカルテまたはログ情報の提出を求める地方厚生局もあるようです。

　電子カルテメーカーに話を聞いたところ、関東を中心に展開しているメーカーは「今までログが記載されたカルテを要求された事例は知らない」と話していましたが、九州地方で展開しているメーカーは「ログ入りの印刷したカルテを持参するように言われたことがある」と話していました。

　また、「電子カルテの場合、診療録（様式第一号（一）の1～3）は紙に出力していただくほか、診療録以外の関係書類については、紙に出力するかまたは電子媒体によりご用意願います。なお、電子媒体を映し出せる電子機器を準備願います。」としている地方厚生局もあるようです。

　ですから、電子カルテを導入している診療所は、いつログが記載されたカルテまたはログ情報の提出を求められても対応できるように、日頃から電子カルテの入力を適切に行い、できるだけ訂正・追記を後

からしないように心がける必要があります。

電子カルテについては、第3章**4**の「イ　電子カルテ」（143ページ）でも解説しています。

■参考：「関東信越厚生局管内の診療所に対する個別指導の通知書」

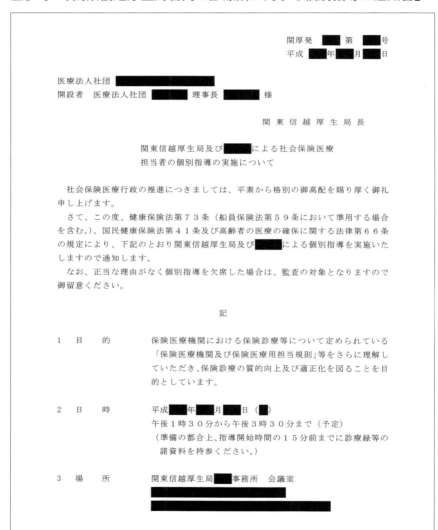

4　出　席　者
　　開設者、管理者、保険医、請求事務担当者等（管理者は必ずご出席ください。）

5　当日準備していただく書類等
　（1）診療録（自費分を含む）、画像診断フィルム、検査（結果）票、看護記録、リハビリテーション関係書類、（精神科）デイ・ケア等に係る関係書類等
　　　（別途連絡する患者に係る初診時からのすべての記録）

　　　※対象患者の連絡については、平成■年■月■日に１５人分、平成■年■月■日に１５人分を郵送でご連絡します。患者一覧（３０人分）に記載された対象患者の診療録等をご持参ください。なお、電子カルテの場合は、療養担当規則第２２条で示されている様式第１号（１）の１から（１）の３又はこれに準ずる様式を印刷の上、ご用意ください。
　　　（お手数ですが五十音順に整理の上、ご持参いただきますようお願いいたします。）

　（2）患者ごとの内訳のある日計表（診療録の点数等欄のことではありません。）又は患者ごとの一部負担金徴収に係る帳簿等　（指導日前直近１年分程度）

　（3）通知日現在、貴機関にて発行している領収証及び明細書の見本

　（4）保険医登録票（管理者及び勤務医）

　（5）「診療録等の電子媒体による保存」に係る運用管理規程
　　　（診療録等を電子媒体で保存している場合は、運用管理規程を指導日の１週間前までに下記宛まで送付してください。）

　（6）別紙「保険医療機関の概要」（ご記入の上、指導日の１週間前までに下記宛まで送付してください。）

6　その他
　○　指導に当たっては上記以外の資料をお願いすることもありますので、ご承知おきください。
　○　指導当日に資料等を台車で持ち込まれる場合は、事前に下記の連絡先へご連絡ください。

7　連　絡　先
　　　関東信越厚生局■事務所　指導課　指導第一係

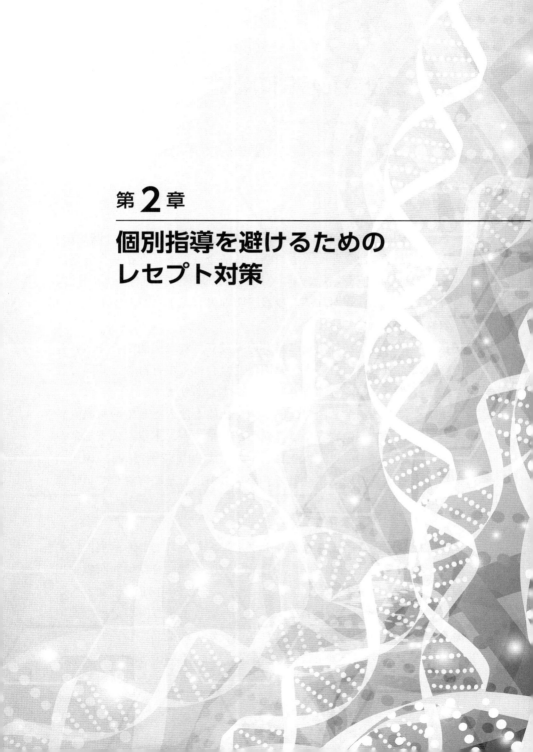

第 2 章
個別指導を避けるための
レセプト対策

1 審査支払機関の審査

(1) 審査とは

　審査支払機関には、「社会保険診療報酬支払基金法(以下「基金法」という)に基づく社会保険診療報酬支払基金(以下「支払基金」という)および国民健康保険法に基づく国民健康保険団体連合会(以下「国保連合会」という)があり、診療報酬明細書(以下「レセプト」という)の審査を実施しています。

　支払基金は、基金法の規定に基づいて設立された民間法人であり各都道府県に支部を置いています。国保連合会は、市町村等と共同で設立された法人であり、各都道府県に1つずつあります。

　このように支払基金と国保は、基づく法律も法人としての組織も異なるので、レセプトの審査には差異がありますが、本章では支払基金について記述します(以下、支払基金の平成22年2月26日「国民の信頼に応える審査の確立に向けて」からの引用を基に解説している箇所があります)。

　保険医療機関から請求されたレセプトに記載されている診療内容について、昭和32年厚生省令第15号「保険医療機関及び保険医療養担当規則」(以下「療養担当規則」という)、平成20年厚生労働省告示第59号「診療報酬の算定方法」および関連通知等の国が定めた保険診療ルールに基づき適正に算定されているか、医薬品について、昭和35年法律第145号「医薬品、医療機器等の品質、有効性及び安全性の確保等に関する法律」上の承認内容に基づき算定または使用されて

いるか、などについて審査委員による医学的見地から審査を実施しています。

つまり審査とは、保険医療機関等において行われた診療行為が、療養担当規則や点数表等により定められている保険診療ルールに適合しているかどうかを確認する行為です。

＜保険診療ルールに従って審査しなければならない項目数＞

- 記載漏れや記載不備等の「記載事項の確認」　約 1,100 項目
- 診療行為の名称・算定ルール等の確認　約 24 万項目
- 医薬品の名称・価格等の確認約　約 19,000 品目
- 医療材料の名称・価格等の確認　約 20 万項目

これらの項目が記載されたレセプトの件数は毎月約 7,000 万件あります。このうち、医科は約 4,000 万件、歯科は約 900 万件、合計で約 4,900 万件となっており、レセプト 1 件当たりの医療費の全国平均は約 18,000 円となっています。

レセプト審査においてチェックすべき項目は膨大なものになっており、限られた期間に審査委員の裁量による審査と職員の審査事務によってレセプトのすべての項目をチェックするのは物理的に不可能です。

加えて保険診療ルールも、それに適合しているか否かについて機械的に判断できない要素もあります。

(2) レセプトの審査および支払に関する事務委託

保険医療機関がレセプトを請求する先は、健康保険法第 76 条第 5 項に「保険者は、前項の規定による審査及び支払に関する事務を社会保険診療報酬支払基金法による社会保険診療報酬支払基金又は国民健康保険法第 45 条第 5 項に規定する国民健康保険団体連合会に委託することができる。」と規定されていますが、現在でも保険医療機関は、

社会保険は支払基金に、国民健康保険は国保連合会にレセプトを提出しています。

(3) 支払基金の審査委員会

　支払基金では、全国の支払基金支部に「審査委員会」を設置するとともに、支払基金本部においては 38 万点以上の超高額レセプト等を審査するための「特別審査委員会」を設置しています。
　いずれの審査委員会も、診療担当者代表、保険者代表および学識経験者の三者で構成され、中立公正な運営を確保するための体制がとられています。
　審査委員会には、その円滑な運営を図るための審査運営委員会のほか、一定点数以上のレセプトを審査する審査専門部会、保険者および保険医療機関から請求された再審査レセプトを審査する再審査部会を設置しています。さらに審査に関する法令等を研究し、周知する審査研究会等も設置されています。
　また、審査委員会最終日には、第 2 次審査委員会（医科・歯科合同）を開催し審査委員による審査決定を行っています。

① 診療担当者代表
　各都道府県の医師会、歯科医師会および薬剤師会から推薦された医師、歯科医師および薬剤師のうちから選任します。
② 保険者代表
　各保険者の所属団体（全国健康保険協会、健康保険組合および都道府県における共済組合の連合組織または主要な共済組合部局）から推薦された医師、歯科医師および薬剤師のうちから選任します。
③ 学識経験者
　「社会保険診療報酬請求書審査委員会学識経験者審査委員選考協議会」において意見を聴取のうえ、医学上および薬学上の高度の見識と

豊富な臨床経験等を有し、かつ保険診療にも見識を有した者であって、公正・公平な審査を成し得る者の中から選出します。
④ 審査運営委員会
　審査委員会の円滑な運営を図るほか、審査結果の確認と、じ後の審査への活用を図る等、審査全般にわたり審議します。
⑤ 審査専門部会
　一定点数以上の高点数レセプトを診療科別に複数の審査委員による審査を行います。審査委員会開催中に開催されます。
⑥ 再審査部会
　保険者または保険医療機関等からレセプトの審査について不服の申出のあった事案について、適正な処理を行います。審査委員会開催中に開催されます。
⑦ 審査研究会
　レセプトの事例等について研究・検討・発表を行っています。審査委員会最終日に開催されます。
⑧ 2次審査会
　審査委員会最終日に全審査委員による審査決定を行っています。

(4) 特別審査委員会の審査対象レセプト

　特別審査委員会の審査対象となるレセプトは下記のとおりです。
① 医　科
　医科レセプトのうち合計点数（心・脈管に係る手術を含む診療に係るものについては、特定保険医療材料に係る点数を除いた合計点数）が38万点以上のもの。
② **医科レセプトのうち同種死体肺移植手術、生体部分肺移植術、同種心移植術、同種心肺移植術、生体部分肝移植術および同種死体肝移植術に係る手術を含む診療に係るもの（平成30年10月1日以降の審査）**

③ 歯　科

　歯科診療に係るレセプトのうち合計点数が20万点以上のもの。

④ 調　剤

　レセプトの全件数のうち漢方製剤の処方および調剤を含むレセプトの件数が過半数を占める医療機関における漢方製剤の処方および調剤を含む入院外のレセプトのうち、投薬料の点数が4,000点以上のもの。

(5) 支払基金職員による審査（電子レセプトの審査）

　支払基金の職員は、審査委員会の審査が効率的に行われるよう審査を補助する業務（審査事務）を行っています（**図表２－１**）。

■図表２－１

（社会保険診療報酬支払基金ウェブサイトより）

審査委員会の審査に先立ち、事前にレセプトを点検して、保険診療ルールに適合していないと思われる項目にマークを付して、それを審査委員が重点的にチェックすることで、審査委員がより医学的判断を要する審査に時間を振り向けることができ、審査の質の向上とともに審査委員の審査の負担の軽減にも貢献しています。

(6) 審査の重点化

支払基金では、毎月 10 日までに保険医療機関等から請求される膨大な数のレセプトを月末までに審査を行い、保険者に所定の期日までに診療報酬を請求し、保険医療機関等に確実に支払うことが求められています。

こうした現状から審査に投入する審査委員や職員の数、時間が限られている中で、レセプトの内容すべてを審査し尽くすことは現実的に不可能です。

したがって、審査にあたって優先度を設定しています。その際、1件当たりが高点数であるレセプトを優先し、保険医療機関については、その診療傾向やこれまでの審査の実績を考慮して優先的に審査する保険医療機関を選別しています。これが、現在支払基金が行っている「審査の重点化」です。

(7) 重点審査

保険医療機関を審査の必要度が高い順に A・B・C の3区分に分け A・B 区分は毎月審査を実施し、特に A 区分は入念な審査を行いますが、C 区分は特に毎月の審査は行わず、計画的に審査を行っています。

(8) 審査委員による審査

　審査にあたっての基本的な考え方は、厚生省保険局長通知「診療報酬の請求に関する審査について」（昭和33年12月保発第71号）において審査の基本方針が示されています。

> ①書面審査を基調とした審査
> ②審査上特に疑義を生じた場合において当該医療機関に照会、返戻する等

　審査の決定は合議制を採用しており、審査の結果、診療内容が適切でないと判断されるものについては査定（減点）しています。

　審査するにあたっては、当該保険医療機関の診療内容を傾向的に把握し、画一的な診療に対して一部のレセプトを返戻または過剰診療等の理由で査定しています。また、傷病名漏れと判断したレセプトに対しては、原則として査定をしているので注意が必要です。

　なお、一概に審査決定することが困難な事例で、診療内容から判断して保険医療機関に症状詳記等を求める必要があると思われる事例は、返戻されることがあります。

　毎月10日までに提出されたレセプトに対して行う審査の結果は下記のとおりです。

> ①　その内容が保険診療ルールに適合しているものとして判断されたものは「原審どおり」とする。
> ②　保険診療ルールに適合していないと判断されたものは「査定」とし、請求点数の減点を行う。
> ③　請求内容の不備があるものや疑義が生じたものは「返戻」として保険医療機関等へ当該レセプトを返し、再提出を求める。
> 　　また、支払基金が行った審査決定に対して、保険者および保険医療機関等から提出された不服の申立てについて「再審査」を行う。

(9) 審査委員会会期

　各支部は、毎月10日までに提出されたレセプトを審査し、翌月の10日までに保険者に請求しなければならず、このため、審査委員会の審査に当てられる期間は限定されます。審査委員会規程おいては、毎月10日までに提出されたレセプトについては、その月の末日までに審査することとされています。
　したがって、審査委員会は、概ね毎月中旬から下旬までの期間に開催されます。審査委員会の会期は、レセプトの請求件数等により支部の規模別に設定されており、開催期間は3日〜7日となっています。

(10) 審査決定

　審査は、基金法第16条により審査委員会が行うこととされており、審査決定は、審査委員会規程第2条により審査委員の2分の1以上が出席する合議において行わなければならないこととされています。
　このような決定方式を採用しているため、審査委員が一堂に会して審査を行う必要があることから、審査委員会は毎月会期を定め、その期間の最終日に合議による決定をするという運営がなされています。

2　保険診療のルール

(1) 保険請求にあたっての基本

　厚生労働省保険局医療課医療指導監査室が作成したスライド資料「保険診療の理解のために【医科】」（以下「スライド」という。）には保険診療について下記の内容が書かれています（アンダーラインは筆者）。

①保険診療とは、健康保険法等の医療保険各法に基づく、保険者と保険医療機関との間の公法上の契約である。（スライド5ページ）
②保険医療機関の指定、保険医の登録は、医療保険各法等で規定されている保険診療のルールを熟知していることが前提となっている。（スライド5ページ）
③保険診療として診療報酬が支払われるには保険医が保険医療機関において健康保険法、医師法、医療法等の各種関係法令の規定を遵守し、『療養担当規則』の規定を遵守し、医学的に妥当適切な診療を行い診療報酬点数表に定められたとおりに請求を行っている。（スライド8ページ）
④無診察治療等の禁止（医師法第20条）
　医師は、自ら診察しないで治療をし、診断書や処方せんを交付してはならない。（スライド18ページ）

　医師法第24条第1項に「医師は、診療をしたときは、遅滞なく診療に関する事項を診療録に記載しなければならない。」と記載されていますが、医師が患者との問診内容や検査結果について診療録に記載していないために個別指導等で診療報酬の返還の対象となる事例があ

ります。

　ついつい診療に追われてしまうため、診療録への記載を忘れてしまう医師・歯科医師がいますが、診療録に記載していないものは請求できないので注意が必要です。

　診療録は診療経過の記録であると同時に、診療報酬請求の根拠です。

> （注）　忘れがちな記載例
> 　　　　ア　医学管理料の「管理内容」や「指導内容」
> 　　　　イ　精神科専門療法の「診療内容」や「診療時間」
> 　　　　ウ　再診時の診察（問診）状況

　疑い病名は早期に確定病名または中止とし、急性病名が長期間続くことは不適切とされています。

　傷病名だけでは診療内容の説明が不十分と思われる場合は、摘要欄に症状詳記（検査結果等の客観的事実に基づき当該診療行為の必要な具体的理由）を記載する必要があります。

　診療内容に関する誤請求が多い保険医療機関等に対しては、審査委員会から電話連絡または文書連絡により保険診療ルールについて周知し、改善要請するとともに、繰り返し文書連絡等を行っても改善されない保険医療機関等に対しては、任意による面接懇談、訪問懇談等により改善要請を行っています。

　療養の給付の担当の範囲は**図表２－２**のとおりです。

■図表２－２

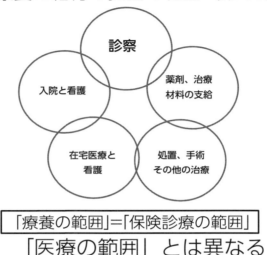

(厚生労働省「スライド資料：保険診療の理解のために【医科】」より)

(2) 療養担当規則の抜粋　（※ 下線は筆者）

(療養給付の担当の範囲)
第１条　(略)
　一　診察
　二　薬剤又は治療材料の支給
　三　処置、手術その他の治療
　四　居宅における療養上の管理及びその療養に伴う世話その他の看護
　五　病院又は診療所への入院及びその療養に伴う世話その他の看護

(適正な手続の確保)
第2条の3　保険医療機関は、その担当する療養の給付に関し、厚生労働大臣又は地方厚生局長若しくは地方厚生局支局長に対する申請、届出等に係る手続及び療養の給付に関する費用の請求に係る手続を適正に行わなければならない。

(経済上の利益の提供による誘引の禁止)
第2条の4の2　保険医療機関は、患者に対して、第5条の規定により受領する費用の額に応じて当該保険医療機関が行う収益業務に係る物品の対価の額の値引きをすることその他の健康保険事業の健全な運営を損なうおそれのある経済上の利益の提供により、当該患者が自己の保険医療機関において診療を受けるように誘引してはならない。
2　保険医療機関は、事業者又はその従業員に対して、患者を紹介する対価として金品を提供することその他の健康保険事業の健全な運営を損なうおそれのある経済上の利益を提供することにより、患者が自己の保険医療機関において診療を受けるように誘引してはならない。

・患者に対して、一部負担金の額に応じて収益業務に係る物品の対価の額の値引きをする等、経済上の利益の提供により、自己の保険医療機関において診療を受けるように誘引してはなりません。
・事業者またはその従業員に対して、患者を紹介する対価として金品を提供する等、経済上の利益の提供により自己の保険医療機関で診療を受けるように誘引してはなりません。

(特定の保険薬局への誘導の禁止)
第2条の5　保険医療機関は、当該保険医療機関において健康保険の診療に従事している保険医(以下「保険医」という。)の行う処方せんの交付に関し、患者に対して特定の保険薬局において調剤

> を受けるべき旨の指示等を行ってはならない。
> 2　保険医療機関は、保険医の行う処方せんの交付に関し、患者に対して特定の保険薬局において調剤を受けるべき旨の指示等を行うことの対償として、保険薬局から金品その他の財産上の利益を収受してはならない。

・患者に対して、「特定の保険薬局において調剤を受けるべき旨の指示等」を行ったり、「指示等を行うことの対償として、保険薬局から金品その他の財産上の利益」を受けることはできません。
　ただし、地域包括診療料、地域包括診療加算を算定する保険医療機関が（1）連携薬局の中から患者自らが選択した薬局において処方を受けるように説明すること、（2）時間外において対応できる薬局のリストを文書により提供することや、保険医療機関が在宅で療養を行う患者に対して在宅患者訪問薬剤管理指導の届出を行った薬局のリストを文書により提供することは「特定の保険薬局への誘導」に該当しません。
・処方せんの処方欄に、保険医療機関と保険薬局との間でいわゆる約束処方による医薬品名の省略や記号等の記載はできません。
・ファクシミリを利用する場合は、ロビー、待合室等、患者またはその看護に当たる者が自由に自分の意志で利用しうる場所にファクシミリを設置するとともに、その地域の処方せん応需薬局の一覧表、ファクシミリ番号、地図等を見やすく掲示しなければなりません。特定の保険薬局のみのファクシミリ番号を記載することはできません。
・金品その他の財産上の利益とは、金銭、物品、便益、労務、供応その他経済上の利益の提供のことをいいます。

> （掲示）
> 第2条の6　保険医療機関は、その病院又は診療所内の見やすい場所に、第5条の3第4項、第5条の3の2第4項及び第5条の4第2項に規定する事項のほか、別に厚生労働大臣が定める事項

> を掲示しなければならない。

- 別に厚生労働大臣が定める具体的な掲示事項とは次のとおりです。
  (1) 入院基本料に関する事項
  (2) 厚生労働大臣が指定する病院の病棟並びに厚生労働大臣が定める病院および調整係数および機能評価係数部表の左欄に掲げる病院であること（DPC対象病院）
  (3) 地方厚生局への届出事項に関する事項（小児科外来診療料、在宅療養支援診療所、明細書発行体制等加算等、各種施設基準として届け出た内容のうち、患者が受けられるサービス等をわかりやすく掲示する必要があります。）
  (4) 明細書の発行状況に関する事項
  (5) 保険外負担に関する事項（おむつ代、理髪代、文書料等）
- 保険外併用療養（差額ベット代、予約診療、時間外診察等）に関する事項は院内に掲示が必要です。

> （一部負担金の受領）
> 第5条　保険医療機関は、被保険者又は被保険者であった者については法第74条の規定による一部負担金、（略）の支払を、被扶養者については（略）法第110条の規定による家族療養費として支給される額に相当する額を控除した額の支払を受けるものとする。

- 原則的にすべての患者から一部負担金を徴収する必要があり、特定の患者（職員、職員家族等）に対して減免等の措置を採ってはなりません。

> （領収証等の交付）
> 第5条の2　保険医療機関は、前条の規定により患者から費用の支払を受けるときは、正当な理由がない限り、個別の費用ごとに区分して記載した領収書を無償で交付しなければならない。

- 「正当な理由」に該当する診療所とは、以下に該当する場合です。

(1) 明細書発行機能が付与されていないレセプトコンピュータを使用している場合
(2) 自動入金機を使用しており、自動入金機で明細書発行を行おうとした場合には、自動入金機の改修が必要な場合

> (診療録の記載及び整備)
> 第8条　保険医療機関は、第22条の規定による診療録に療養の給付の担当に関し必要な事項を記載し、これを他の診療録と区別して整備しなければならない。

・保険医は、患者の診療を行った場合には、遅滞なく、必要な事項を診療録に記載しなければなりません。
　また、保険医療機関は、診療録は保険診療と保険診療以外(自費診療等)で区別して整備しなければなりません。

> (帳簿等の保存)
> 第9条　保険医療機関は、療養の給付の担当に関する帳簿及び書類その他の記録をその完結の日から3年間保存しなければならない。ただし、患者の診療録にあっては、その完結の日から5年間とする。

・診療録の保管はその完結の日から5年間です。
・慢性疾患等で診療が継続している場合は、管理し続ける必要があります。

> (特殊療法等の禁止)
> 第18条　保険医は、特殊な療法又は新しい療法等については、厚生労働大臣の定めるもののほか行ってはならない。

> (使用医薬品及び歯科材料)
> 第19条　保険医は、厚生労働大臣の定める医薬品以外の薬物を患者に施用し、又は処方してはならない。ただし、医薬品、医療機

> 器等の品質、有効性及び安全性の確保等に関する法律（昭和35年法律第145号）第2条第17項に規定する治験（以下「治験」という。）に係る診療において、当該治験の対象とされる薬物を使用する場合その他厚生労働大臣が定める場合においては、この限りでない。

・第18条と第19条は、いわゆる混合診療の禁止の根拠とされています。医学的評価が十分に確立されていない、「特殊な療法又は新しい療法等」の実施、「厚生労働大臣の定める医薬品以外の薬物」の使用、「研究の目的」による検査の実施などは、保険診療上は認められず、これらの治療を行う場合は、すべて自費診療でしなければなりません。

> （診療の具体的方針）
> 第20条　医師である保険医の診療の具体的方針は、前12条の規定によるほか、次に掲げるところによるものとする。
> 　一　診察
> 　　イ　診察は、特に患者の職業上及び環境上の特性等を顧慮して行う。
> 　　ロ　診察を行う場合は、患者の服薬状況及び薬剤服用歴を確認しなければならない。ただし、緊急やむを得ない場合については、この限りではない。
> 　　ハ　健康診断は、療養の給付の対象として行ってはならない。
> 　　ニ　往診は、診療上必要があると認められる場合に行う。
> 　　ホ　各種の検査は、診療上必要があると認められる場合に行う。
> 　　ヘ　ホによるほか、各種の検査は、研究の目的をもって行ってはならない。ただし、治験に係る検査については、この限りでない。
> 　二　投薬
> 　　イ　投薬は、必要があると認められる場合に行う。
> 　　ロ　治療上1剤で足りる場合には1剤を投与し、必要があると

認められる場合に２剤以上を投与する。
　ハ　同一の投薬は、みだりに反復せず、症状の経過に応じて投薬の内容を変更する等の考慮をしなければならない。
　ニ　投薬を行うに当たっては、医薬品、医療機器等の品質、有効性及び安全性の確保等に関する法律第14条の４第１項各号に掲げる医薬品（以下「新医薬品等」という。）とその有効成分、分量、用法、用量、効能及び効果が同一性を有する医薬品として、同法第14条又は第19条の２の規定による製造販売の承認（以下「承認」という。）がなされたもの（ただし、同法第14条の４第１項第２号に掲げる医薬品並びに新医薬品等に係る承認を受けている者が、当該承認に係る医薬品と有効成分、分量、用法、用量、効能及び効果が同一であってその形状、有効成分の含量又は有効成分以外の成分若しくはその含量が異なる医薬品に係る承認を受けている場合における当該医薬品を除く。）（以下「後発医薬品」という。）の使用を考慮するとともに、患者に後発医薬品を選択する機会を提供すること等患者が後発医薬品を選択しやすくするための対応に努めなければならない。
　ホ　栄養、安静、運動、職場転換その他療養上の注意を行うことにより、治療の効果を挙げることができると認められる場合は、これらに関し指導を行い、みだりに投薬をしてはならない。
　ヘ　投与量は、予見することができる必要期間に従ったものでなければならないこととし、厚生労働大臣が定める内服薬及び外用薬については当該厚生労働大臣が定める内服薬及び外用薬ごとに１回14日分、30日分又は90日分を限度とする。
　ト　（略）
三　処方せんの交付
　イ　処方せんの使用期間は、交付の日を含めて４日以内とする。

ただし、長期の旅行等特殊の事情があると認められる場合は、
　　　この限りでない。
　　ロ　前イによるほか、処方せんの交付に関しては、前号に定め
　　　る投薬の例による。
四　注射
　イ　注射は、次に掲げる場合に行う。
　　（1）経口投与によって胃腸障害を起こすおそれがあるとき、
　　　　経口投与をすることができないとき、又は、経口投与
　　　　によっては治療の効果が期待することができないとき。
　　（2）特に迅速な治療の効果を期待する必要があるとき。
　　（3）その他注射によらなければ治療の効果を期待することが
　　　　困難であるとき。
　ロ　（略）
　ハ　内服薬との併用は、これによって著しく治療の効果を挙げ
　　　ることが明らかな場合又は内服薬の投与だけでは治療の効果
　　　を期待することが困難である場合に限って行う。
　ニ　混合注射は、合理的であると認められる場合に行う。
　ホ　輸血又は電解質若しくは血液代用剤の補液は、必要がある
　　　と認められる場合に行う。
五　手術及び処置
　　イ　手術は、必要があると認められる場合に行う。
　　ロ　処置は、必要な程度において行う。
六　リハビリテーション
　　リハビリテーションは、必要があると認められる場合に行う。
六の二　居宅における療養上の管理等
　居宅における療養上の管理及び看護は、療養上適切であると認
　められる場合に行う。
七　入院
　イ　入院の指示は、療養上の必要があると認められる場合に

行う。
　　ロ　単なる疲労回復、正常分べん又は通院の不便等のための入
　　　院の指示は行わない。
　　ハ　保険医は、患者の負担により、患者に保険医療機関の従業
　　　者以外の者による看護を受けさせてはならない。

・第20条第一号イ「診察」の補足
　「保険医療機関及び保険医療養担当規則の一部改正等に伴う実施上の留意事項について」(平成20年3月19日　保医発第0319001号)に下記のように書かれています。

1　保険医である医師又は歯科医師は、診察を行う場合は、緊急やむを得ない場合を除き、患者の服薬状況及び薬剤服用歴を確認しなければならない。
　　この場合において、特に後期高齢者である患者の服薬状況等の確認に当たっては、複数の診療科を受診し、服用する薬剤の種類数も多くなるという後期高齢者の特性にかんがみ、重複投薬や相互作用を防止するため、問診等による確認に加えて、当該患者が、経時的に薬剤服用歴が管理できる手帳を持参しているか否かを確認し、持参している場合には、それを活用するよう努める。
2　(略)
3　1及び2にいう「手帳」とは、経時的に薬剤の記録が記入でき、かつ次に掲げる事項を記録する欄があり、薬剤の記録に用いられるものをいう。
　　(1) 患者の氏名、生年月日、連絡先等患者に関する記録
　　(2) 患者のアレルギー歴、副作用歴等薬物療法の基礎となる
　　　　記録
　　(3) 患者の主な既往歴等疾病に関する記録

・第20条第一号ハ「健康診断」の補足
　健康診断で異常所見がみられ、精密検査を行った場合は、検査料は保険請求できます。

ただし、精密検査が健康診断の当日、後日いずれの場合であっても初診料の保険請求は認められません。
・第20条第一号ホ「検査」の補足
　健康診断を目的とした検査、結果が治療に反映されない研究を目的とした検査について、保険診療として請求することは認められていません。
　また、検査は、診療上の必要性を十分考慮した上で、段階を踏んで必要最小限に行う必要があります。

<不適切な検査の具体例>
①不適切なセット検査
　・セット検査（入院時セット、術前（後）セット、〇〇病セットなど）を、患者ごとに必要な項目を吟味せず画一的に実施
　・スクリーニング的に多項目（出血凝固線溶系検査、免疫系検査、甲状腺機能検査等）を画一的に実施
②検査の重複
　・甲状腺機能を調べるために、FT3とT3（FT4とT4）を画一的に併施
③必要性の乏しいと思われる検査
　・DICの診断・治療に反映されないTAT、Dダイマー、フィブリンモノマー複合体、プラスミン、α2プラスミンインヒビター・プラスミン複合体等
　・入院、転科、転棟の際、血液型、感染症検査等をその都度実施
　・診療に不必要な検査項目を、単なる学術研究目的で定期的に実施（保険外併用療養費制度を用いた治験等は除く）

・第20条第二号「投薬」の補足
　検査、投薬等の査定を防ぐ目的で付けられた医学的な診断根拠のない傷病名（いわゆるレセプト病名）を付けて保険請求することは、

不適切であり認められません。

＜不適切な傷病名の例＞
①実施した検査の査定を逃れるための傷病名
　・「播種性血管内凝固」→ 出血・凝固検査
　・「急速進行性糸球体腎炎」→ MPO － ANCA 検査
　・「深在性真菌症」→（1→3）－β－D－グルカン検査
②投薬・注射の査定を逃れるための傷病名
　・「上部消化管出血」「胃潰瘍」→ 適応外のH2受容体拮抗剤の使用目的
　・「播種性血管内凝固」→ 適応外の新鮮凍結血漿の使用目的
　・「ニューモシスチス肺炎」→ 合成抗菌剤の予防投与目的

＜不適切な投薬・注射の具体例＞
①禁忌投与
　・静注用脂肪乳剤を血栓症の患者やケトーシスを伴った糖尿病の患者に投与
②適応外投与
　・肝庇護剤（グリチルリチン・グリシン・システイン配合剤、グルタチオン製剤等）を薬剤性肝障害、術後肝障害等の患者に使用
③用法外投与
　・腹腔内投与の適応のない抗がん剤を、腹腔内撒布
④過量投与
　・蕁麻疹に対するグリチルリチン・グリシン・システイン配合剤の常用量を超える投与
⑤重複投与（同様の効能効果、作用機序をもつ薬剤の併用）
　・プロトンポンプ・インヒビターを経口と注射の両方で使用
　・総合ビタミン剤と内容の重複する他の各種ビタミン剤の併用
⑥多剤投与（作用機序の異なる薬剤を併用）

> ・医学的に妥当とは考えられない組み合わせによる各種抗菌薬等の併用
> ・必要性に乏しい抗不安薬あるいは睡眠薬の3種類以上の併用
> ⑦長期漫然投与
> ・各種抗菌薬等（特に投与期間が定められている抗菌薬等）
> ・効果が認められないのに月余にわたり漫然と投与されたメコバラミン製剤

・第20条第二号へ「長期投与」の補足

　年末年始、ゴールデンウィーク、長期の海外旅行等特殊の事情において、必要があると認められるときは、1回14日分を限度とされている薬剤でも、必要最低限度の範囲において、1回30日分を限度として投与できます。

・第20条第四〜六号の補足

　検査、投薬、注射、手術・処置等は、診療上の必要性を十分考慮したうえで行う必要があります。

　「患者に頼まれた」は通用しませんし、個別指導のときは「患者に頼まれたので行った」は厳禁です。

> （診療録の記載）
> 第22条　保険医は、患者の診療を行った場合には、遅滞なく、様式第1号又はこれに準ずる様式の診療録に、当該診療に関し必要な事項を記載しなければならない。

・診療の都度、診療の経過を記載します。

　必然的に、外来患者であれば受診の都度、入院患者であれば原則として毎日、診療録の記載がなされることになります。

・慢性期入院患者、集中治療室入室中の患者、慢性疾患で長期通院中の患者等についても、診療録の記載が必要です。

・診療録に記載すべき事項が、算定要件として定められている診療報酬点数の項目があることに留意してください。

- 修正等の履歴が確認できるよう、記載はペン等で行うとともに、修正は修正液・貼り紙等を用いず二重線で行ってください。
- 責任の所在を明確にするため、記載の都度必ず署名、電子署名、記名押印のいずれかを（研修医が記載した場合は、指導医・上席医の連名にて）行ってください。

（処方箋の交付）
第23条　保険医は、処方箋を交付する場合には、様式第2号若しくは第2号の2又はこれらに準ずる様式の処方箋に必要な事項を記載しなければならない。
2　保険医は、その交付した処方箋に関し、保険薬剤師から疑義の照会があった場合には、これに適切に対応しなければならない。

（適正な費用の請求の確保）
第23条の2　保険医は、その行った診療に関する情報の提供等について、保険医療機関が行う療養の給付に関する費用の請求が適正なものとなるよう努めなければならない。

《補足》
　療養担当規則については第3章❹「クリニック開業時に最低限知っておくべき「療養担当規則」」でも詳しく解説しています。
　本項と重複する部分もありますが、監査において問題となる事項や、保険医療機関取消の原因となった事項も記載されているので、第3章❹も必ずご覧ください。

3 査定（減点）・返戻

(1) 用語の説明

すでに本章❶「審査支払機関の審査」で用語の説明をしていますが、ここで改めて主な用語の説明をまとめてみました。

保険者	健康保険を扱う全国健康保険協会（協会けんぽ）や各中央官庁・県庁・市役所などの共済組合および会社・工場などの健康保険組合
保険医療機関	地方厚生（支）局が指定した、保険診療を取り扱う病院・診療所（保険薬局、訪問看護ステーションを含めて保険医療機関等と使用することもある）
レセプト	保険医療機関（保険薬局）が1か月の医療費を点数（1点単価10円）にして保険者に請求するための診療報酬明細書
審査	保険医療機関（保険薬局）から請求されたレセプトに記載されている診療内容について、保険医療機関および保険医療養担当規則、診療報酬点数表、関連通知等の国が定めた保険診療ルールに基づき適正に算定されているかなどを、医学的見地から確認する行為
療養担当規則	「保険医療機関及び保険医療養担当規則」（昭和32年厚生省令第15号）および「保険薬局及び保険薬剤師療養担当規則」（昭和32年厚生省令第16号）であり、保険診療に係る一般的・具体的方針を示したもの
事務点検	診療報酬明細書に、患者名、傷病名、請求先である保険者番号などの請求に必要な記載事項や投薬、注射、手術などの請求点数に誤りがないかなどを確認する事務的な点検
審査事務	診療内容に疑問があるレセプトに当該疑問事項を入力するなど、審査の事務的補助を行う行為

審査委員会	レセプトに記載されている診療内容について、療養担当規則等の定めによって行われているかどうかを審査する機関
特別審査委員会	厚生労働大臣の定めるレセプト 1　医科38万点以上（心・脈管に係る手術分は特定保険治療材料の点数を除いた合計点数） 2　医科レセプトのうち同種死体肺移植手術、生体部分肺移植術、同種心移植術、同種心肺移植術、生体部分肝移植術および同種死体肝移植術 3　歯科20万点以上 4　調剤4,000点以上（漢方製剤が過半数を占める保険医療機関における投薬料4,000点以上） 5　上記1から4の超高額なレセプトを審査する機関
原審査	保険医療機関から請求があったレセプトに対する審査
原審どおり	診療内容について原審査のとおりとしたもの
原審査：査定	原審査の審査により査定となったもの
再審査	原審査後のレセプトに対して、保険者または保険医療機関が再度の審査を申し出たものに対する審査
資格返戻	保険者から受給資格がないとの申出があり、保険医療機関に返戻照会したもの
事務返戻	保険者からの申出のうち、事務内容について保険医療機関に返戻照会したもの
審査返戻	再審査の必要上、診療内容について保険医療機関に返戻照会したもの

（社会保険診療報酬支払基金ウェブサイトの用語集より。一部、筆者加筆）

(2) 査定（減点）

　保険診療ルールに適合していないと判断されたものは査定として減点されます。

　増減点連絡書は、保険医療機関等から請求されたレセプトについて、点検・審査等の結果、点数に移動が生じた場合、保険医療機関等へお知らせする増減点数や事由等を表示してある帳票です（**図表2－3、2－4**）。

第2章　個別指導を避けるためのレセプト対策

　なお、ごく稀に増減点連絡書で増点されることはありますが、ほとんどは**減点**されます。

■図表2-3

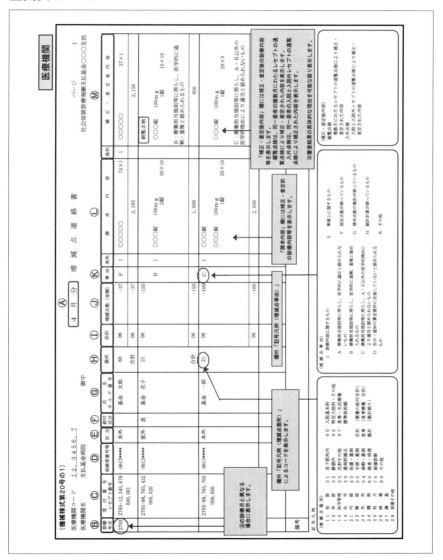

■図表2−4

■ 表示内容

Ⓐ 「月分」欄
　診療（調剤）月分を表示しています。

Ⓑ 「診療年月」欄（薬局の場合：「調剤年月」欄）
　Ⓐで表示している診療（調剤）月と異なる場合、対象となるレセプトの診療（調剤）年月を表示しています。

Ⓒ 「受付番号・レセプト番号」欄
　・ 1行目は、レセプトの受付処理順序番号（受付番号）を表示しています。
　・ 2行目は、医療機関等が請求したレセプトデータに記録されたレセプト単位の順序番号（レセプト番号）を表示しています。
　　また、特別審査委員会対象レセプトは、(特別審査委員会)を表示しています。

Ⓓ 「保険者番号等」欄
　保険者番号及び公費負担者番号を表示しています。

Ⓔ 「区分」欄
　本入（本人入院）や家外（家族外来）などのレセプト種別による区分を表示しています。

Ⓕ 「給付区分」欄
　特記事項等を表示しています。

給付区分に表示する項目	
特記事項	公、長、長処（医療機関のみ印字）、長2
職務上の事由	上（職務上）、船（下船後3月以内）
老人減免区分	原

Ⓖ 「氏名・カルテ番号」欄（薬局の場合：「氏名、調剤録番号」欄）
　・ 1行目は、患者氏名を表示しています。
　・ 2行目は、医療機関等が請求したレセプトデータに記録されたカルテ番号または調剤録番号を表示しています。

Ⓗ 「箇所」欄（薬局の場合：「No」欄及び「調剤月日」欄）
　・ 箇所欄は、増減点が生じた箇所の診療識別コード等を表示します。
　　増減点箇所等は、増減点連絡書の欄外「記号凡例（増減点箇所）」をご参照ください。
　・ No欄及び調剤月日欄は、薬局が請求したレセプトデータに記録されたNo及び調剤月日を表示しています。

Ⓘ 「法別」欄
　増減点数欄に対応した法別番号を増減点数（金額）ごとに表示しています。

Ⓙ 「増減点数（金額）」欄
　増点は「＋」符号を、減点は「−」符号を付して表示し、一部負担金等の金額は、増額は「＋¥」符号を、減額は「−¥」符号を付して表示しています。

Ⓚ 「事由」欄
　増減点の生じた事由について、事由記号を表示しています。事由内容については、増減点連絡書の欄外「増減点事由」をご参照ください。

Ⓛ 「請求内容」欄
　医療機関等が請求した診療（調剤）内容を表示しています。また、診療（調剤）内容の負担区分コードを「請求内容」の左側の「負担」欄に表示しています。

Ⓜ 「補正・査定後内容」欄
　点検・審査等による補正・査定後の内容を表示しています。また、補正・査定後内容の負担区分コードを「補正・査定後内容」の左側の「負担」欄に表示しています。
　なお、縦覧点検の結果による査定等の場合は「縦覧点検」、入外点検の結果による査定等の場合は「入外点検」を表示しています。

※ 本帳票は、医療機関等から電子レセプトにより請求された場合にお知らせする帳票です。

（社会保険診療報酬支払基金「増減点連絡書・各種通知書の見方」より）

増減点の生じた事由について少し補足します。

	増減点事由	誤りやすい事例等
診療内容に関するもの	A　療養担当規則に照らし、医学的に適応と認められないもの	病名漏れの可能性が大であり、保険医療機関等が再審査を申し出ても査定のとおりとなる可能性が高いです。
	B　療養担当規則に照らし、医学的に過剰、重複と認められるもの	(例) イ．疑い病名が多い時などに散見される検査 ロ．病名等から判断して投薬の長期間投与
	C　療養担当規則に照らし、A・B以外の医学的理由により適当と認められないもの	審査委員によっては、A・Bで処理せずにCで処理する場合がありますが、A・Bとの明確な違いはわからないことが多いです。
	D　告示・通知の算定要件に合致していないと認められるもの	(例) イ．検査 　①尿沈渣と細菌顕微鏡検査を両方算定（主たる検査の所定点数のみ算定可） 　②骨塩定量検査を隔月に算定（4月に1回のみ算定可） ロ．臓器の考え方 　胃と十二指腸を別に算定（胃および十二指腸は1臓器として算定）

(3) 返戻

　上記の増減点連絡書は査定に関する通知書ですが、医療行為の適否が判断し難いものについて審査側がレセプトを差し戻すことを返戻といいます。

　査定は再審査を請求することは可能ですが、医学的理由等により復点する場合はありますが基本的に診療報酬は減額されてしまいます。

　返戻は請求したレセプトが差し戻されるだけなので、改めて請求し直すことで再度の審査は受けますが、診療報酬は支払われます。

■図表２－５

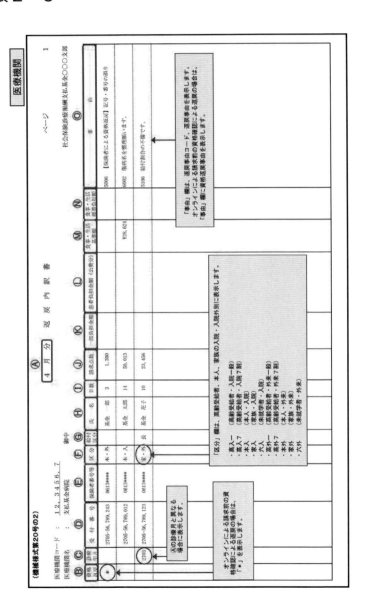

第2章　個別指導を避けるためのレセプト対策

■図表2－6

■ 表示内容

Ⓐ 「月分」欄
　　診療（調剤）月分を表示しています。

Ⓑ 「資格返戻」欄
　　オンラインによる請求前の資格確認による返戻の場合、「＊」を表示しています。

Ⓒ 「診療年月」欄　（薬局の場合：「調剤年月」欄）
　　Ⓐで表示している診療（調剤）月と異なる場合、対象となるレセプトの診療（調剤）年月を表示しています。

Ⓓ 「受付番号」欄
　　レセプトの受付処理順序番号（受付番号）を表示しています。

Ⓔ 「保険者番号等」欄
　　保険者番号、市町村番号又は公費負担者番号を表示しています。

Ⓕ 「区分」欄
　　本入（本人入院）や家外（家族外来）などのレセプト種別による区分を表示しています。

Ⓖ 「給付区分」欄
　　特記事項等を表示しています。

給付区分に表示する項目	
特記事項	公、長、長処（医療機関のみ印字）、長2
職務上の事由	上（職務上）、船（下船後3月以内）
老人減免区分	原

Ⓗ 「氏名」欄
　　患者氏名を表示しています。

Ⓘ 「日数」欄（薬局の場合：「受付回数」欄）
　　診療実日数を表示しています。（薬局の場合は、処方せんの受付回数を表示しています。）

Ⓙ 「請求点数」欄
　　当該レセプトの請求点数を表示しています。

Ⓚ 「一部負担金額」欄
　　医療保険又は老人保健による一部負担金の金額を表示しています。金額には「￥」符号を付して印字しています。

Ⓛ 「患者負担金額（公費分）」欄
　　公費負担医療に係る患者の負担額を表示しています。金額には「￥」符号を付して印字しています。

Ⓜ 「食事・生活基準額」欄
　　入院時食事療養又は入院時生活療養の額を表示しています。金額には「￥」符号を付して印字しています。

Ⓝ 「食事・生活標準負担額」欄
　　食事療養標準負担額又は生活療養標準負担額を表示しています。金額には「￥」符号を付して印字しています。

Ⓞ 「事由」欄
　　当該レセプトを返戻することとなった返戻事由コード及び返戻事由名称を表示しています。

※ 本帳票は、医療機関等から電子レセプトにより請求された場合にお知らせする帳票です。

（社会保険診療報酬支払基金「増減点連絡書・各種通知書の見方」より）

(4) 再審査

　再審査には増減点連絡書より減点されたレセプトについて再審査請求する場合と、保険者からの再審査の申し出による場合の2とおりあります。

　主治医の判断により症状詳記（投薬・検査結果等の客観的事実に基づき当該診療行為の必要な医学的理由）等を再審査等請求書に記載のうえ、再審査を申し出ることにより点数復活もあります。

　診療報酬を請求する際は、再審査の手間を省くためにも症状詳記が必要となる場合がありますので注意が必要です。

(5) 誤ってレセプトを請求したとき

① 　地方厚生局に届出を受理されていない施設基準は「再審査等請求書」に必要事項（取下げ）を記載のうえ、同請求書を支払基金へ提出し、レセプトが保険医療機関へ返戻された後、正しく補正したうえ、再請求します。放置しておくと虚偽の届出をしたと見られるので注意が必要です。

② 　病名漏れで請求した場合は、支払基金に対して「再審査等請求書」を提出しても、ほとんどの場合、受理されないので注意が必要です。

③ 　保険者より、被保険者等の資格喪失、保険証の記号・番号等の記載誤りのレセプトが返戻された場合は、正しく補正したうえ、再請求します。

　　また、資格喪失は、当該者の保険証が保険者に返還受理した日以後資格喪失扱いとなります。

(6) 審査差異

　審査委員会は、保険者と医療機関等の双方から、その中立性・公平性・公正性において信頼されるものでなければなりませんが、特に保険者からの信頼を損なうものとして、支部間において審査上の差異があることが指摘されています。支払基金は、審査差異の生ずる要因として次のことを掲げています（平成22年2月26日「国民の信頼に応える審査の確立に向けて」の「報告書の構成及び概要」より抜粋）。

①外部的要因
　　医療の地域性、患者の環境、提出されるレセプトの質の相違
②審査基準をめぐる要因
　　保険診療ルールをめぐる解釈の差、各審査委員会の支部取決事項（ローカルルール）
　・保険診療ルール解釈について、公定解釈が得られるまでの間、支部独自で判断に当たらなければならないため、差異が発生。
　・学会ガイドラインと保険診療ルールの不整合。
③内部的要因
　　審査委員格差、職員格差、審査委員と職員の連携の問題、構造
　・各支部の審査委員会は、それぞれ独立して審査を行ってきたため、他支部の審査委員会と情報交換や協議する機会がほとんどなく、それぞれ問題を独自に、その解決に当たらなければならないこと。
　・審査委員会の差異の解消に向けてフルタイムで従事する審査委員が少ないこと。

(7) 審査差異解消

支払基金は審査差異解消について次のことを掲げています（平成22年2月26日「国民の信頼に応える審査の確立に向けて」の「報告書の構成及び概要」より抜粋）。

○**基本的な考え方**
①新たな支部間差異を発生させないこと。
②従来からある支部間差異についてはできるだけ優先順位を定めて解消を図ること。
③支部間差異の問題は保険者から提起されることが多いことから、保険者からの指摘された事項について検討し、対応する体制を整備すること。
④支部間差異の解消には、スピード感を持って取組むこと。

○**具体的方策**
①全国の審査委員会が情報を共有して協議を行う体制を確立し、支部間で相談・協議を行う体制を、全国で、又は全国をいくつかに分けたブロックごとに実施していく必要。
② 新たな支部間差異を発生させないため、保険診療ルールについての解釈の疑義が生じた場合、早期に疑義解釈に回答を出す体制を確立すべき。
③厚生労働省の回答が出るまでの間、本部において暫定的な見解を示すべきであり、そのために必要な体制を構築すべき。
④学会のガイドラインと保険診療ルールの整合性についても厚生労働省とも協議しつつ、本部においてその調整の仕組みを作るべき。
⑤本部において専門家のワーキンググループを設置し、頻度を多く開催し、審査基準を示すことにより全国で整合性のある答えを導き出すことが必要。

⑥支部間差異の実態調査を進めるべき。
⑦支部職員の審査事務能力の向上を図るため、研修の強化、職員が他支部において審査事務を行う支部実践研修の実施、審査事務の低調な支部に対して本部からの支援・指導を行う等の対策を強化。
⑧電子レセプトについては、審査に関する統計データが多く得られることから、このデータを活用して審査委員及び職員の審査、審査事務について検証すべき。

(8) 審査情報提供事例

　審査支払機関間、支払基金支部間、審査委員間において、審査決定に差異が生ずることがありますが、審査差異解消に努めているとしています。
　差異解消のために、審査支払機関では、審査基準として「審査情報提供事例について」を公表していますが、これには次のようなコメントが記載されています。

●「審査情報提供事例について」（下線は筆者）

　審査支払機関における診療報酬に関する審査は、健康保険法、療養担当規則、診療報酬点数表及び関係諸通知等を踏まえ各審査委員会の医学的・歯科医学的見解に基づいて行われています。
　一方、審査の公平・公正性に対する関係方面からの信頼を確保するため、審査における一般的な取扱いについて広く関係者に情報提供を行い、審査の透明性を高めることとしております。
　このため、平成16年7月に「審査情報提供検討委員会」、平成23年6月に「審査情報提供歯科検討委員会」を設置し、情報提供事例と併せ、審査上の一般的な取扱いに係る事例について、情報提供を行ってまいりました。

今後とも、当該委員会において検討協議を重ね、提供事例を逐次拡充することとしておりますので、関係者の皆様のご参考になれば幸いと考えております。
　なお、情報提供する審査の一般的な取扱いについては、療養担当規則等に照らし、当該診療行為の必要性、用法・用量の妥当性などに係る医学的・歯科学的判断に基づいた審査が行われることを前提としておりますので、<u>本提供事例に示された適否が、すべての個別診療内容に係る審査において、画一的あるいは一律的に適用されるものではないことにご留意ください。</u>

平成 23 年 9 月

○ **診療項目別提供事例数（医科）**
　検査・・・・・53 事例
　画像診断・・・・11 事例
　処置・・・・・・7 事例
　手術・・・・・・4 事例
　麻酔・・・・・・3 事例
　画像診断・・・・2 事例　　合計 80 事例　（平成 30 年 8 月現在）
　薬剤・・・・・235 例
　　・神経系及び感覚器官用医薬品
　　・個々の器官系用医薬品
　　・代謝性医薬品
　　・組織細胞機能用医薬品
　　・病原生物に対する医薬品
　　・治療を目的としない医薬品
　　・麻薬

　なお、個々の事例内容については、社会保険診療報酬支払基金ウェブサイトの「審査情報提供事例」をご覧ください。

4 適正なレセプト提出のために

(1) 適正なレセプト提出

　支払基金には医療機関に出向いて不正請求がないか指導（監査）を行うといった法的権限は与えられておらず、診療内容に関する誤請求が多い保険医療機関に対しては、審査委員会から電話連絡または文書連絡により保険診療ルールについて周知するなどの改善要請を行っています。

　また、繰り返し文書連絡等を行っても改善されない保険医療機関に対しては、任意による面接懇談、訪問懇談等により改善要請を行っています。

　訪問懇談では、事務的なことは職員が説明し、医学的なところは、審査委員が説明するなど、保険医療機関からの適正なレセプトの提出をお願いしています。

　さらに、任意による面接懇談等を実施しても改善されない保険医療機関や面接懇談を拒否した保険医療機関に対しては、基金法第18条に基づき出頭要請ができることとされています。

　なお、審査の結果、診療内容または診療報酬請求の著しい不正または不当の事実を発見したときは、地方厚生局長または地方厚生支局長に、遅滞なくこれを通報しなければならないこととされています。

　保険医療機関としては、繰り返し文書連絡がある項目については無視するのではなく適切な対処が必要となってきます。任意による面接懇親等まで無視したりすると地方厚生局に通報され、個別指導となる可能性が高くなります。

また、増減点通知書で何回も査定（減点）される項目がある場合は、危険信号と認識して診療報酬算定について再検討することをお勧めします。

（2）レセプト点検のポイント

　審査支払機関へレセプトをする提出する前に、主治医自ら必ず診療録等と照合し、記載事項に誤りや不備等がないか十分に確認する必要があります。

　＜レセプト点検のポイント＞

①　診療録に記載した傷病名と一致しているか。
②　査定等を未然に防ぐことを目的とした実態のない架空の傷病名が記載されていないか。
③　疑い病名、急性病名等が長期間にわたり放置されていないか。
④　レセプトの請求内容は、診療録の診療内容と一致しているか。
⑤　診療録への必要記載事項が定められた項目の請求については、必要な事項がきちんと診療録に記載されているか。
⑥　中止または取り消した薬剤等が誤って算定されていないか。また、処置等に使用した薬剤を投薬欄に記載するなど、誤った場所に記載されていないか。
⑦　処置名、術式は、実際に行った手術と合致しているか。
⑧　レセプト上の傷病名や請求項目のみでは、診療内容に関する説明が不十分と思われる場合は、診療から保険請求に至った経緯について「症状詳記」としてレセプトに添付する必要がある。この際、検査データ等の客観的・具体的事実を簡潔明瞭に記載することが望ましい。

　　　　　　　　　　　（関東信越厚生局東京事務所「保険診療の理解のために」より）

(3) 保険医療機関等に改善を求めた主な指摘事項について

　各地方厚生局はホームページに「個別指導及び適時調査において改善を求めた主な指摘事項」を掲載しています。

　たとえば関東信越厚生局は「この内容は、個別指導等における指摘事項の中から、項目の分類や表記法などわかりやすさを優先して、主な指摘事項として編集したものですので、管内の保険医療機関の皆様におかれましては、これを参考に適正な保険診療、保険請求に努めていただきますようお願いいたします。」としており、ここに掲載された項目に反していると指摘を受けることは間違いなので、保険医療機関等は必ず目を通すべきです。

　各地方厚生局の「個別指導及び適時調査において改善を求めた主な指摘事項」が掲載されているURLは下記のとおりです。すべての地方厚生局で掲載されています。

◎ 北海道厚生局
　https://kouseikyoku.mhlw.go.jp/hokkaido/shido_bumon.html
◎ 東北厚生局
　https://kouseikyoku.mhlw.go.jp/tohoku/shido_kansa/shidoubumonn/omonashitekijikou.html
◎ 関東信越厚生局
　https://kouseikyoku.mhlw.go.jp/kantoshinetsu/gyomu/gyomu/hoken_kikan/hoken_shiteki.html
◎ 東海北陸厚生局
　https://kouseikyoku.mhlw.go.jp/tokaihokuriku/iryo_shido/shitekijikou_ika.html
◎ 近畿厚生局
　https://kouseikyoku.mhlw.go.jp/kinki/iryo_shido/kobetsushitekijikou.html

◎ 中国四国厚生局

　　https://kouseikyoku.mhlw.go.jp/chugokushikoku/chousaka/chousaka02.html

◎ 四国厚生支局

　　https://kouseikyoku.mhlw.go.jp/shikoku/chosa/shitekijiko.html

◎ 九州厚生局

　　https://kouseikyoku.mhlw.go.jp/kyushu/shinsei/shido_kansa/shitei_kijun/kobetsushidou_tekijichousa_shitekijikou.html

(4) 突合点検・縦覧点検

　支払基金では、突合点検、縦覧点検を実施しています。

① 突合点検

　突合点検とは、保険医療機関のレセプトと保険調剤薬局のレセプトの突合です。

※傷病名と医薬品の不一致によるパターンが多いです。

※レセプトコンピュータの機能アップによる解消をお勧めします。

② 縦覧点検

　縦覧点検とは、レセプトの審査は原則的に当月診療分のレセプトを審査しますが、過去の複数分を連月チェックする審査です。

　単月では問題がないが、連月同一検査を実施していると過剰検査として査定される場合がありますので注意が必要です。

※薬剤の長期間投与などにも注意が必要です。

③ 疑い病名（いわゆるレセプト病名）が多いと支払基金から注意を受けます。特に血液検査の採血１回で多くの検査を実施し、疑い病名で請求した場合など「療養担当規則等に照らし、医学的に過剰・重複と認められるもの」との理由で査定されます。当該病名に相当しないと判断した場合は転帰欄に「中止」と記載してください。

④ 　疑い病名などで検査項目が多くなると必然的に平均点数が高くなるので一定点数以上高いと個別指導のリストに乗りやすいので注意

が必要です。

(5) 保険診療の理解のために

　厚生労働省保険局医療課医療指導監査室が作成した「保険診療の理解のために」という配布資料があり、医科、歯科、薬局と分かれています。保険診療に関する基本的なことから、診療報酬点数に関する留意事項も記載されていますので、これから開業する予定、または開業したばかりのドクターは必ず一度は目を通すことをお勧めします。
　この資料は厚生労働省ホームページの「保険診療における指導・監査」というページに掲載されています（図表２−７）。

■図表２−７

(6) 専従・専任・専ら等の違い

　診療報酬の算定要件には専従、専任、専らという要件がとても多いです。
　たとえば「専従する常勤の理学療法士が勤務している場合に限る。」「看護師による面接後に、専任の医師が患者と５分以上面接すること。」「〇〇を専ら担当する常勤の医師が勤務する病院」などです。
　専従、専任、専らは要件が異なるので、「専従する常勤の理学療法士」という要件なのに「専任の理学療法士」しか配置していない時は、診療報酬を算定することができません。
　実際に前述した関東信越厚生局の「個別指導及び適時調査において改善を求めた主な指摘事項」にも下記のことが記載されています（一部抜粋。下線は筆者）。

・医師事務作業補助体制加算
　院内計画に基づいた届出区分に係る病床数ごとに１名以上専従の医師事務作業補助者を配置していない。
・疾患別リハビリテーション料
　専従の常勤理学療法士又は常勤作業療法士が１名以上勤務していない。
・精神科身体合併症管理加算
　当該病棟に専任の内科又外科の医師を１名以上配置していない。
・患者サポート体制充実加算
　患者等に対する相談窓口に専任の医師、看護師、薬剤師、社会福祉士又はその他医療有資格者等を標榜時間内において常時１名以上配置していない。
・画像診断管理加算
　当該保険医療機関における核医学診断及びコンピューター断層診断のうち、少なくとも８割以上の読影結果を、画像診断を専ら担当する常勤の医師が遅くとも撮影日の翌診療日までに当該患者の診療

> を担当する医師に報告していない。

　専従は「その業務以外の仕事をすることはできない（兼務は不可）」、専任は「その業務を主に行う（兼務は可能）」、専らは「その業務をほぼ行っている（兼務は可能）」と解釈されていますが、地方厚生局によって多少見解が異なる可能性があります。
　厚生労働省から出されている資料の中でも、その見解にばらつきがある状態です。

＜平成30年7月31日健発0731第1号厚生労働省健康局長通知の別添＞

> 　「がん診療連携拠点病院等の整備に関する指針」Ⅱの1の（2）に本指針において、専従とは、当該診療の実施日において、当該診療に専ら従事していることをいう。この場合において、「専ら従事している」とは、その就業時間の少なくとも8割以上、当該診療に従事していることをいう。
> 　また、専任とは当該診療の実施を専ら担当していることをいう。この場合において、「専ら担当している」とは、担当者となっていればよいものとし、その他診療を兼任していても差し支えないものとする。ただし、その就業時間の少なくとも5割以上、当該診療に従事している必要があるものとする。

　なお、地方厚生局に「専従とある者について、他の業務もほんの少しさせてもよいのか」と質問すると、必ずダメだと回答されます。専従の場合は勤務日においては他の業務をしないようにしてください。

　専従、専任、専らの違いが、施設基準において、一番わかりにくいところかもしれません。そもそも、どれがどういった意味なのか、完全に説明をされている資料というものが存在しないことが、混乱を招いているようにも思います。

専従、専任、専らについては、地方厚生局にその施設基準ごとに、確認を行うことが無難だろうと思われます。

第3章
監査・取消処分の基礎知識

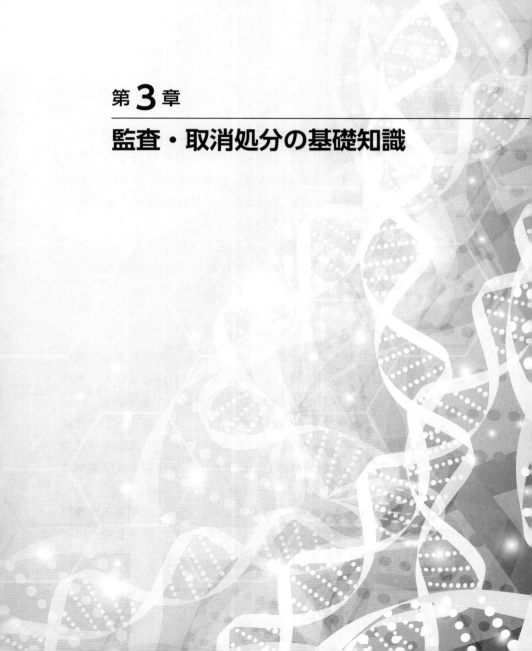

1 監査の概略

◎監査とは

　監査とは、保険診療の内容や診療報酬の請求について「不正」や「著しい不当」が疑われる場合に、保険医療機関の指定取消等の行政措置を念頭に実施される手続きをいいます。保険診療や診療報酬請求の内容に問題があり、「厚生労働大臣が療養の給付に関して必要があると認めるとき」に行うこととされています。

　健康保険法第78条等が監査の根拠規定とされています。また、健康保険法の他に船員保険法第59条、国民健康保険法第45条の2、高齢者医療確保法第72条も監査の根拠規定とされています。

●健康保険法　第78条第1項

> 第78条　厚生労働大臣は、療養の給付に関して必要があると認めるときは、保険医療機関若しくは保険薬局の開設者若しくは管理者、保険医、保険薬剤師その他の従業者であった者（以下この項において「開設者であった者等」という。）に対し報告若しくは診療録その他の帳簿書類の提出若しくは提示を命じ、保険医療機関若しくは保険薬局の開設者若しくは管理者、保険医、保険薬剤師その他の従業者（開設者であった者等を含む。）に対し出頭を求め、又は当該職員に関係者に対して質問させ、若しくは保険医療機関若しくは保険薬局について設備若しくは診療録、帳簿書類その他の物件を検査させることができる。

実際に監査を担当するのは、地方厚生局や都道府県の職員等です。
　監査の権限として、対象となる保険医療機関等に対し、診療録、帳簿書類の提出を命じたり、質問をしたり、診療録や帳簿書類などを検査するなどの質問検査権が認められています。
　こうした監査を行う権限については、健康保険法第78条第2項において準用する同法第60条第3項、国民健康保険法第45条の2第3項および老人保健法第31条第3項において、「犯罪捜査のために認められたものと解釈してはならない」と規定されています。
　しかし、診療録、帳簿書類の提出命令に従わない場合には取消事由とされ、出頭拒否や質問拒否、検査拒否の場合も取消事由とされており、監査対象者の立場からすれば事実上の強制力が認められているに等しく、実際にはかなり強力な権限が与えられていると言えます。
　また、監査は、保険医療機関の指定取消等の行政措置を念頭においた手続きですので、対象とされる保険医療機関等にとってはその存続に関わる重大な手続きということになります。
　なお、厚生労働省の発表によれば、平成28年度において監査の実施対象となったのは保険医療機関等74件（医科28件、歯科39件、薬局7件）、保険医等263件（医科103人、歯科120人、薬局40人）で、このうち取消処分または取消処分相当（行政措置の前に廃院）となったのは、保険医療機関等は27件（医科8件、歯科18件、薬局1件）、保険医等は21人（医科6人、歯科14人、薬局1人）です。

■図表3−1　監査から行政措置までの流れ

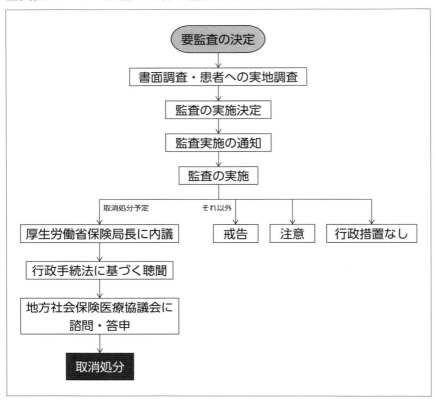

2 監査の実施状況

(1) 監査対象となる場合とは

監査対象となるのは、次の場合とされています。
① 診療内容に不正または著しい不当があったことを疑うに足りる理由があるとき。
② 診療報酬の請求に不正または著しい不当があったことを疑うに足りる理由があるとき。
③ 度重なる個別指導によっても診療内容または診療報酬の請求に改善が見られないとき。
④ 正当な理由がなく個別指導を拒否したとき。

■図表3-2　監査の選定基準

監査要綱の選衡標準について（昭和29年12月28日保発第93号）

診療内容及び診療報酬の請求の不正又は不当とは次のものをいう。

1　診療内容の不正

　実際の診断名（誤診の場合を除く。）に基く診療とは異なる不実の診療行為をなすこと。
　例えば、肺結核と診断し、ストマイ、パスの併用療法を行うべき適応症に、ストマイの代りにビタミン剤の注射を行うこと。
　単なる腸カタルと診断し、普通薬を投与すべきであるのに、開腹

し、虫様突起の切除を行うこと。
　違法の診療行為をなすこと。（療養担当規則の診療方針に定める禁止規定、その他診療の限度、内容等が明確に定められているものに違反すること。）
　例えば、中央社会保険医療協議会において認められない特殊療法又は新療法を行うこと。
　診療上必要がないのに、研究の目的をもつて検査を行うこと。
　通常の場合において、外用薬を一度に十日分を投与すること。
　診療取扱手続について、不実又違法の行為をなすこと。
　例えば、診療録に、実際の診療行為と異なるものを記載すること。
　診療録に必要な事項を記載しないこと。

2　診療内容の不当

　実質的に妥当を欠く診療行為をなすこと。（療養担当規則の診療方針又は医学通念にてらし、妥当でない診療行為をなすこと。）
　例えば、療養担当規則に定める診療方針又は医学通念にてらし、必要の限度を超え、又は適切若しくは合理的でない診療を行うこと。即ち、濃厚診療、過剰診療、過少診療等を行うこと。
　傷病が生活又は環境に原因するものと認められたにもかかわらず、これに対して指導しなかつたり、その指導が適切でないこと。
　施術に関する同意が適当でないこと。
　診療取扱手続について、実質的に妥当を欠く行為をなすこと。
　例えば、診療録の記載が乱雑であつたり、不明確であること。
　一部負担金又は療養に要する費用の10分の5に相当する金額の支払を受けないこと。

3　診療報酬の請求の不正

　不実の請求をすること。
　例えば、診療の事実がないのに請求すること。即ち、往診をしていないのに往診料を請求し、五本打った注射を七本として注射料を請求すること。

4　診療報酬の請求の不当

　診療報酬請求手続について実質的に妥当を欠く行為をなすこと。
　例えば、請求明細書の様式が所定の様式でないこと。
　次の場合には、不正又は不当があったことを疑うに足るものとして、被監査医療担当者を選衡すること。
（１）　支払基金の審査状況からみて、左のいずれかに該当し、且つ、その理由が明らかでないもの。
　　イ　一件当りの点数が著しく多いもの
　　ロ　一件当りの点数は著しく多くはないが取扱総件数の多いもの
　　ハ　一件当りの点数は多くはないが、一件当りの日数が多いもの
　　ニ　取扱件数の著しく多いもの
　　ホ　投薬又は注射の多いもの
　　ヘ　診療の回数が少ないにもかかわらず、補綴の多いもの
　　ト　兼症が多いもの
　　チ　返戻の回数又は査定された件数が著しく多いもの
（２）　完全看護、完全給食に関する施設の調査、その他保険給付に関する患者、関係者、診療録の調査等から、保険医の診療、診療取扱状況が適正でないと認められるもの。例えば、
　　イ　完全看護、完全給食の実施状況が適正を欠くもの
　　ロ　看護料、傷病手当金の支給期間等に関する意見書の内容が適当でないもの
（３）　その他不正、不当があったことを疑うに足るもの。

(2) 監査前の調査

　監査担当者は、監査を実施する前にレセプトによる書面調査を行い、必要に応じて患者等に対する実地調査を行います。
　この実地調査は、監査担当者が直接患者に対し実施するため、保険医療機関側の立会いなく行われます。

具体的には、対象となる保険医療機関等における治療内容、処方された薬の内容、注射の内容、診察なく薬が処方されたことがあるか否か、投薬・注射に関する医師の説明内容、自費診療の有無等について調査が行われます。

　患者調査は、健康保険法第60条（診療録の提示等）第2項、国民健康保険法第114条第2項および老人保健法第44条第2項の規定に基づくものですが、その権限が行政上の必要から事業の適正な運営を確保するために設けられたものであり、犯罪捜査のような強制力はないとされています。また、患者調査にあたっては、懇切かつ公平な態度をもって調査に望み、患者等を非難したり、誘導的な質問をしてはならず、おしつけがましい態度をとったり、不快感を持たせることがないように実施されなければなりません。

　なお、患者調査にあたってはその調査結果をふまえて調査書を作成するのが通常であり、調査書には患者から事実に相違ない旨の署名・押印、調査を実施した担当者職員の署名・押印がされ、公文書として扱われます。

　実地調査は、保険医療機関側の立会いなく行われるため、実際に適正な調査が実施されていないおそれもあります。

　患者が高齢者である場合には、調査の趣旨や内容を理解しないまま調査に応じている場合や調査を受けたことすら記憶していない場合もありますので特に注意が必要です。

　聴聞手続の段階においては、調査書の開示請求をすることができるため、開示された調査書を精査し、調査書の記載に誤りがある場合には患者自身に確認し、場合によっては実地調査の誤りについて陳述書または報告書等の形式で記録しておくことも必要です。

(3) 監査実施通知

　監査対象となる保険医療機関等には、監査の根拠規定、監査の日時

および場所、出席者、準備すべき書類等を記載した文書により通知が届きます。

　監査期日への出頭をしない場合、出頭を拒否したものと取り扱われてしまい取消事由となるおそれがありますので、監査にはきちんと応じなければなりません。指定された日時の都合が悪い場合には日程調整を申し出るなどして監査拒否と取り扱われないように注意する必要があります。

(4) 監査の出席者

　監査期日においては、保険医療機関側からは、開設者、管理者、必要に応じて職員である保険医、保険薬剤師、診療報酬請求事務担当者、看護担当者その他の従業者、過去に勤務していた従業者などの関係者が出席します。
　他方、監査担当者は、地方厚生局、都道府県の職員が出席します。
　また、立会人として学識経験者が立ち会います。この場合、地方厚生局長が都道府県の医師会等に立会いの依頼を行います。

(5) 弁護士の帯同

　保険医療機関側の出席者として、委任を受けた弁護士も帯同することができます。監査においては、残念ながら恫喝的な監査が行われるケースもあり、適正な監査が実施されることを担保するために弁護士の帯同を求めることには大きな意味があります。
　ただし、帯同する弁護士は、監査において、対象者に代わって弁明することはできず、監査に支障をきたすと判断された場合には退席を求められることもあります。このような運用には賛否があるところではありますが、現状そのような運用で監査が実施されている以上、帯同する弁護士が何らかの発言をする際には、監査担当者側から許可を

得たうえで発言するといった対応をする必要があります。

　なお、帯同する弁護士は、監査期日において代理人弁護士名で書面にて保険医療機関等の主張や意見を提出することができます。

　監査においては、保険医療機関等が自己の主張や意見を十分に述べることができないこともあり得るため、保険医療機関等が自己の主張や意見をきちんと提出するためにも弁護士の帯同は有効であると言えます。また、監査は取消処分等の行政措置を念頭に実施される手続きであることから、その後の行政措置に対する対応を準備するためにも監査の段階から弁護士に帯同してもらうことには大きなメリットがあるといえるでしょう。

　ちなみに、実際の監査においては、帯同する弁護士の日程も考慮して監査期日を指定してもらえることが多いと思われますが、裁判例では、監査期日の指定において被監査者が委任した弁護士の日程を考慮しなければならない法的義務はないとしたケースが存在するため注意が必要です（東京地裁・平成22年11月19日）。

■参考裁判例：東京地裁・平成22年11月19日

（要旨）監査期日の指定において被監査者が委任した弁護士の日程を考慮しなければならない法的義務はないとした事例

（判決文、抜粋）

　そもそも健康保険法78条が、厚生労働大臣に監査権限を認めた趣旨は、健康保険制度が保険料の拠出と国庫の負担によって運営されていることにかんがみ、保険医療機関の診療内容又は診療報酬の請求について、不正又は著しい不当が疑われる場合等において、的確に事実関係を調査し、又は把握し、公正かつ適切な措置を採ることができるようにすることにより、保険診療の質的向上及び適正化を図ろうとした点にあると解することができる。このように、監査の目的は、行政庁が適切な措置を採るための情報収集（いわゆる行

政調査）にあること、同法が監査の範囲、程度、時期、場所等について細目的事項を定めていないことからすれば、同法は、監査方法の細目を厚生労働大臣等の裁量にゆだねたものと解するのが相当である。そして、健康保険法は、厚生労働大臣が監査において必要があると認めるときは、診療等に関する学識経験者をその関係団体の指定により監査に立ち会わせることができると規定している（同法78条2項、73条2項）ものの、被監査者が監査において第三者の立会いを求めることができる趣旨の定めはないこと、上記のとおり、監査の目的が行政庁が適切な措置を採るための情報収集（行政調査）にあり、迅速性が要請されることからすれば、被監査者において第三者の立会いを求める権利又は法的利益を有すると解することはできず、監査に第三者の立会いが認められるか否かについても、厚生労働大臣等の裁量に属するものと解するのが相当である。なお、当該監査に基づいて不利益処分が行われる場合には、告知及び聴聞の手続が前置され（行政手続法13条1項参照）、被監査者の利益の確保はその場面で図られることからすれば、上記のように解したとしても、被監査者に特段の不利益を与えるものではない。そうすると、本件において、原告が委任したA弁護士の立会いを認めるか否かについても、事務局長の裁量に属するものというべきところ、本件監査における調査事項は、保険医療機関及び保険医の業務と直接関係するものであり、原告の診療内容等について事実を確認する方法で行われるものであるから、保険医療機関である本件診療所の開設者であり保険医である原告を補助するために、第三者であるA弁護士の立会いを認める必要性が特に高いものとは考えられない。したがって、事務局長としては、監査期日を指定するに当たってA弁護士の日程を考慮しなければならない法的義務はないというべきであり、A弁護士からの日程調整の申出及び期日指定後の日程変更の依頼に応じなかったとしても、そのことによって直ちに事務局長がその裁量権の範囲を逸脱し、又は濫用して第3回監査を実施したとい

> うことはできない。

(6) 監査手続における録音について

　監査手続においては、手続きの内容を録音しておくことが重要です。録音については監査担当者に対し申出を行うことで録音が許可されるのが通常です。

　手続きの内容を録音することにより、恫喝的、恣意的な監査が行われることが防止することができます。

　また、録音により、監査担当者の発言や、見解を正確に記録し把握することができるため、これをもとに、後日、書面または口頭で、発言や見解の整合性についての説明を求めたり、矛盾点を指摘したりすることもできます。特に、不正または不当と判断された診療報酬請求に関し、その判断の根拠について説明を求めることは有効です。

　というのも、不正または不当と判断した根拠が薄弱であったり、ある診療報酬請求を不正または不当と判断した根拠と別の診療報酬請求を不正・不当と判断した根拠との間に論理的整合がない場合もあるためです。

　こうした矛盾点等を書面で指摘をすることで、一旦不正・不当とされた判断が撤回される場合もあります。

(7) 監査の具体的な実施状況

　患者調査を実施した患者に関する診療を対象として、レセプトの請求内容とカルテを突き合わせて、保険医療機関側からの聴取によって事実確認が行われ、患者個別調書等の書面が作成されます。

　患者個別調書（図表3－3）には、患者ごと、診療年月ごとに、不正・不当とされた診療報酬請求の内容や金額等が記載されます。そして、監査においては、患者個別調書が保険医療機関等に示され、不

正・不当請求と判断された点に誤りがないかの確認が行われ、保険医療機関等が弁明する機会が与えられます。

　具体的には、患者個別調書には、保険医療機関等の弁明を記載する欄があり、そこに保険医療機関等の弁明を記載し、署名・押印をすることになっています。弁明欄は非常に小さいため、欄内に記載しきれない場合には欄外への記載や裏面への記載も可能とされています。

　患者個別調書に記載された不正・不当請求の内容や金額に誤りが存在する場合も多く、保険医療機関等としては、監査において診療録やレセプトと照らし合わせて誤りがないかをきちんと確認する必要があります。監査担当者から、患者個別調書の内容の確認や弁明の記載、署名・押印等につき急かされることもあるかも知れませんが、不正・不当請求の内容や金額は監査後の行政措置、経済上の措置に大きな影響を与える重要な事項ですので誤りがないかをきちんと確認すべきです。

　なお、保険医療機関等の弁明については、患者個別調書において弁明を記載するという方法のほかに、聴取調書の形で弁明を記録してもらうという方法もあります。

　しかし、聴取調書は、監査担当者が作成する問答形式での調書であり、患者個別調書と異なり自分の言葉で弁明を記載することはできません。

　また、患者個別調書における弁明が、不正・不当と判断された個々の診療報酬請求ごとの弁明であるのに対し、聴取調書における弁明はあくまで包括的な弁明にすぎません。監査担当者が、監査の時間短縮のために聴取調書による包括的な弁明を行うことを促してくる場合もありますが、不正・不当と判断された個々の診療報酬請求について弁明をする必要がある場合においては患者個別調書における弁明を行う旨を強く主張すべきです。

　監査における重要な争点は不当・不正請求の有無であり、不正・不当請求の内容、金額等は患者個別調書に記載されるため、これに対する弁明は、基本的に、患者個別調書の弁明欄に記載する形で行うべきです。

■図表３－３　患者個別調書

「患者個別調書」

保険医療機関名称		診療を担当した保険医の氏名	

請求内容（診療報酬明細書）

（傷病名・部位）

別添「診療報酬明細書」のとおり

	診療年月	療法及び処置	診療実日数	請求点数（点）
1		別添「診療報酬明細書」のとおり	日	点
2				点
3				点
4				点
		合　計		点
		給　付　額		円

診療年月
初診日
平成　年　月　日
診療実日数
給付割合
割

患者調査の結果

診療録等の点検結果

・第一号(一)１様式記載　(不適)
・第一号(一)２様式記載　(不適)
・第一号(一)３様式記載　(不適)

・診療録の記載内容は、別添写しのとおり

保険医の弁明

監査担当者の意見

O：関係資料等より、請求に妥当性を認めず。

（不正又は不当事由）
F：架空請求・A：付増請求・T：振替請求
D：二重請求・O：その他の不正請求・U不当請求

	請求内容	点数（点）		点数（点）		不正差異（点）	不当差異（点）	不正又は不当事由
1			×		=			
			×		=			
			×		=			
			×		=			
			×		=			
			×		=			
			×		=			
2			×		=			
			×		=			
			×		=			
			×		=			
			×		=			
			×		=			
			×		=			
3			×		=			
			×		=			
			×		=			
			×		=			
			×		=			
			×		=			
4			×		=			
			×		=			
			×		=			
			×		=			
			×		=			
			×		=			
		合			計	点	点	
		不正又は不当金額				円	円	

上記のとおり相違ありません。
平成　　年　　月　　日

保険医療機関の所在地
保険医療機関名称

開設者
及び
保険医　　　　　　　　　印

(8) 保険医療機関側から要望できる事項について

　監査は午前中から午後５時頃までの長時間にわたって実施されるのが通常です。適宜、休憩を入れてもらうなど体調に配慮した監査を求めるべきです。
　また、監査担当者との距離が近く圧迫感を感じるような場合には、席の配置などについても配慮を求めることも重要です。実際に、席の配置などを変更してくれることもあります。
　さらに、指定された日程で監査が終了しなかった場合には、次回の監査期日が指定されますが、監査対象者が持病を持っている場合等には、期日の指定についても体調に配慮した期日指定を求めるべきです。持病に関する診断書を提出して、監査対象者の体調に配慮した監査期日を指定するように求めるべきです。また、必要に応じて、診断書の中で１回あたりの監査時間、監査期日の間隔等についても意見を付してもらうことも必要です。
　過去には監査を苦にした自殺にまで至ったケースもあり、監査手続は精神的にも肉体的にも過酷な手続きであるため、監査対象者の体調や精神的・肉体的負担に配慮した監査の実施を求めていくべきです。

3 監査後の流れ

(1) 行政上の措置

　監査後の行政上の措置としては、①取消処分、②戒告、③注意があります。それぞれの行政措置の要件は以下のとおりです。

① 取消処分
　　・故意に不正または不当な診療を行ったもの。
　　・故意に不正または不当な診療報酬の請求を行ったもの。
　　・重大な過失により、不正または不当な診療をしばしば行ったもの。
　　・重大な過失により、不正または不当な診療報酬の請求をしばしば行ったもの。

② 戒　告
　　・重大な過失により、不正または不当な診療を行ったもの。
　　・重大な過失により、不正または不当な診療報酬の請求を行ったもの。
　　・軽微な過失により、不正または不当な診療をしばしば行ったもの。
　　・軽微な過失により、不正または不当な診療報酬の請求をしばしば行ったもの。

③ 注　意
　　・軽微な過失により、不正または不当な診療を行ったもの。
　　・軽微な過失により、不正または不当な診療報酬の請求を行ったもの。

(2) 取消処分の手順

　取消処分は、監査を実施した後、①厚生労働省保険局長への取消しにかかる内議、②行政手続法に基づく聴聞、③地方社会保険医療協議会への諮問を経て行われます。

(3) 聴聞手続について

　地方厚生局長は、監査の結果、保険医療機関等が取消処分に該当すると認められる場合に、取消処分予定者に対し、行政手続法の規定に基づき聴聞を行うこととされています。

　聴聞手続においては、弁護士を代理人として出席させることができます。この場合、監査における帯同と異なり、代理人として意見を述べたり、発言することも可能です。また、許可を得て手続きの内容を録音することもできます。なお、手続きについては聴聞審理録としてすべてのやりとりが一言一句記録されます。

　行政庁側は、聴聞手続を取消処分のための形式的なセレモニーとして取り扱う傾向があり、行政庁が被聴聞者である保険医療機関等の意見に耳を傾けてくれることは期待できません。

　聴聞手続については、口頭で意見を述べるほか、意見書を提出することができますが、何より、意見書等で患者個別調書等の監査結果の誤りを指摘するという防御活動が有効です。監査も人間が行う以上、患者個別調書等の監査結果に誤りがあることが多く、不正・不当請求の金額自体に誤りがあるケースもあります。

　誤った監査結果に基づいて取消処分がなされるべきではありませんし、不正・不当請求の金額等に誤りがある場合、取消処分を行うべきか否かといった行政措置の内容に関わる重大な誤りであることから、きちんと是正を求めるべきです。実際に、患者個別調書等に誤りがあり、不正・不当請求の金額等に誤りがあった場合には、聴聞手続を一

旦終結し、再監査を実施する場合もあります。

そのため、聴聞手続について「単なるセレモニーである」と諦めてしまうことなく、監査結果に誤りがないかを十分に精査したうえで、意見書等で監査結果の誤りを指摘し、誤った監査結果をもとに取消処分を行うべきでない旨主張し、誤りの是正を求めていくことが何より重要と言えます。

(4) 取消処分後の手続き

取消処分を受けてしまった場合には、裁判所に対し、取消処分の取消しを求める訴訟を提起することができます。ただし、訴訟において第一審・控訴審ともに保険医療機関側が勝訴した事例は、溝部訴訟（甲府地方裁判所平成22年3月31日、東京高等裁判所平成23年5月31日）の1件のみです。

なお、細見訴訟（神戸地方裁判所平成20年4月20日）においては、第一審は保険医療機関側が勝訴したものの、その後、控訴審では逆転敗訴しています（大阪高等裁判所平成21年9月9日）。

■**参考裁判：甲府地裁・平成22年3月31日**（溝部訴訟）

（要旨）不正・不当請求の金額が多額でないこと、医師が自己の利益のためでなく患者のために行われたものであること等が考慮され、保険医療機関側が勝訴した事例

（判決文、抜粋）

保険医登録の取消しの場合には、保険医療機関に勤めることもできなくなり、我が国の保険制度の実情からすると、医師としての活動を封ずるに等しいものがある。そして、取消しの日から5年を経過しない者の再登録については拒否できること（法71条2項1号）、原則として5年間は再登録を認めない運用であること、保険医療機

関が取消処分を受けた場合にも、5年を経過しない場合においては、その指定を拒むことができること（監査要綱第7）からすると、その処分は極めて重いものであるといえる。以上によれば、確かに、原告の行為は、いずれも保険診療上許容されるべきでものはなく、長期間にわたってはいるものの、患者のためを思っての行為であり、悪質性は高いとまではいえないものが占める割合が多いこと、その金額は多額ではないこと、また、不正・不当請求も原告自らの利益のみを追求するようなものではなく、いずれも患者の希望や要請に基づいて、患者のためを思って診察ないし処方を行っていること、他事例で行われているように、原告に対しても、個別指導を行った上で経過を観察したり、再度の指導をするなどの方法を採ることや、監査を行った上で他の処分を行うことも十分可能であったことからすると、指定取消処分を受けた場合、保険医としても保険医療機関としても再登録は、原則5年間できないという実情に鑑みると、原告及び本件診療所に対する本件各取消処分は、社会通念上著しく妥当性を欠くことが明らかであり、裁量権の範囲を逸脱したものとして違法となり、取消しを免れない。

■参考裁判例：大阪高裁・平成21年9月9日（細見訴訟）

（要旨）第一審（神戸地裁・平成20年4月20日）で勝訴したものの、控訴審において、実質的な不正・不当請求の金額が多いこと、他の事例と比較して不正・不当請求の金額が少ないとは言えないこと等を理由に保険医療機関側が逆転敗訴した事例

（判決文、抜粋）

　確かに、被控訴人の診療報酬の不正請求は、診療の実態がない架空請求のようにもっぱら自己の経済的な利益を得ることを主な目的としたものとは認められない。また、被控訴人は、本件指定取消処分

により、本件医院の廃業を余儀なくされた上、保険医の登録取消処分がなされた場合には、原則として5年間再登録の申請が認められない（法71条2項1号）ところ、国民皆保険制度の下において保険診療を行うことができなければ、事実上医師としての診療を行うことはできないから、本件登録取消処分により、事実上5年間勤務医としても診療に携わることができなくなったということができる。

　しかし、医療保険制度は、その給付の財源を保険料と国庫負担金をもって賄うものであり、同一の診療等が行われた場合、その費用について地域や医療機関によって隔たりが生じたり、不当に高額の診療報酬が請求されることを避けるべきとの強い要請がある。そして、このような強い要請を受けて、医療保険制度を適正に運用するため、保険医療機関及び保険医には、法令の規定に従って療養の給付及び診療報酬の請求を行うことが求められており、これを担保するために指導、監査の制度が設けられ、保険医療機関の指定取消処分及び保険医の登録取消処分が予定されているのであり、保険医には適正な保険診療、診療報酬請求を行うことについて高度の注意義務が課せられている。ところで、本件登録取消処分の処分事由となり得る個別の行為の悪質性については前記（ア）に説示したとおりであり、特に処方せん料の不正請求及びこれに係る診療録の不実記載、その余の診療録の不実記載、加筆及び監査妨害については、その悪質性が高いものといわざるを得ない。また、前記のとおり、監査対象となった43名の患者につき、平成16年1月から同年3月までの3か月間のうちに提出されたレセプト96枚で確定した不正・不当請求の金額は68万0740円である（原判決65頁）ところ、被控訴人は、最終的な不正・不当請求の総額は約112万円であると主張するが、被控訴人が本件医院を開院していた期間や患者数（1日平均80人）に照らし、実質的な不正・不当請求の金額、被控訴人が返還すべき金額は上記金額を上回ることが容易に推測できる。（中略）平成16年度に保険医療機関の指定取消処分及び保険医の登録

> 取消処分がなされた事例には、不正・不当請求の金額ないし返還すべき金額が比較的少なく、被控訴人の場合と同程度の事例も存在するのであり（乙B25。歯科の事例が多いが、被控訴人の場合と同様の医科の事例も含まれている。）、当該事例と比較して、控訴人の場合は不正・不当請求の金額ないし返還すべき金額が少ないといえるものではない。（中略）以上の事情を総合してみると、被控訴人について前記保険医の登録取消事由が認められ、これが悪質なものということができるから、本件登録取消処分が処分事由となる被控訴人の所為と対比して過酷に過ぎ、著しく妥当性を欠くとまではいえず、控訴人の裁量権の範囲を逸脱又は濫用した違法なものということはできない。

　裁判例からもわかるとおり、取消処分が行われた場合にこれを裁判で覆すことは非常に困難です。

　取消処分を受けないためには、①普段から、本章の**4**で説明する「療養担当規則」を意識した診療を心がけるとともに、②個別指導や監査の段階に至った場合には、弁護士の帯同を求めることにより、厚生局による圧力を受けない「密室ではなく透明性を持った手続環境」を作ることが重要です。

(5) 公　表

ア　通知先
　行政上の措置を行った旨の通知は、行政上措置を受けた保険医療機関等が所在、または保険医等が勤務する都道府県の健康保険組合連合会都道府県連合会、医師会、歯科医師会、薬剤師会、社会保険診療報酬支払基金、国保連合会等に通知されます。

イ　通知内容
　行政上の措置を受けた保険医療機関または保険医等の①名称または

氏名、②所在地または勤務地、③措置を受けた時間、④措置の種類（取消処分、戒告、注意）が通知されます。

なお、取消処分後に欠格期間が経過した後に取消処分の内容を公表することは違法とされており（名古屋地方裁判所平成15年9月12日の判決）、欠格期間経過後は取消処分の内容は公表されません。

■参考裁判例：名古屋地裁・平成15年9月12日

（要旨）厚生労働省が保険医の登録取消処分の内容につき欠格期間が経過した後も欠格期間を明示することなくそのまま掲載し続けた行為は、保険医の名誉や社会的信用を傷つけ、人格権を侵害するものとして国家賠償法上違法であるとした事例

（判決文、抜粋）

本件ホームページには、前記第2の1（3）のとおり、平成10年度に行われた保険医登録取消処分等について、欠格期間が2年の処分（同年7月31日まで）と欠格期間が5年の処分（同年8月1日以降）が混在していたにもかかわらず、両者が区別されることなく掲載されていたこと、また保険医登録取消処分等の根拠となる法律、条文や欠格期間について何ら掲載がなかったことが認められる。

国民の大部分は、保険医登録取消処分等の根拠となる法律、条文や欠格期間等についての正確な知識を有していないのが通常であることからすると、本件ホームページに本件記事が掲載されている以上は、被処分者等が欠格期間経過後に新たに保険医の登録等を受けていたとしても、本件記事を閲覧した者には、閲覧時点においても被処分者等がいまだ保険医療業務を行う資格がない状態にあるとの誤解を与える可能性が高いものと認められる。

前記（1）で検討したとおり、保険医登録取消処分等が公共性を有する過去の事実であって、情報公開の必要性が欠格期間の経過に

よって当然に消滅するとまではいい難いものであるとしても、保険医登録取消処分等の欠格期間経過後においても、「平成10年度保険医療機関等取消状況」として被処分者の実名を挙げてそのまま本件ホームページに掲載し続けることは、欠格期間経過後に適法に保険医資格を回復して医療業務を営む者についても、本件ホームページを閲覧した者において、当該被処分者が違法に保険医療業務を再開しているように誤解を招くおそれが強いものである。特に、平成10年度の保険医療機関等取消処分については、欠格期間が2年の処分（同年7月31日まで）と欠格期間が5年の処分（同年8月1日以降）が混在していたにもかかわらず、両者が区別されることなく同一のホームページに掲載されていたのであるから、本件ホームページを閲覧した者において、その両者を区別することなく、閲覧時の本件ホームページに掲載された被処分者等全員について、いまだ欠格期間が経過しておらず、保険医療業務を適法に行う資格がない状態にあると誤解するおそれが極めて強いのであるから、上記の記事のホームページへの掲載継続は、欠格期間が経過した被処分者の名誉や社会的信用に対する配慮を著しく欠くものといわざるを得ない。

厚生省あるいは厚生労働省の担当者としては、本件ホームページのうち、欠格期間を経過した取消処分に関する記事を削除するか、本件ホームページ上で各取消処分の欠格期間を明示することによって、上記の誤解を容易に避けることができたというべきである（前記第2の1（7）のとおり、本件各取消処分についての欠格期間経過後である平成14年1月23日に、原告代理人から本件記事の掲載について抗議を受けると、その翌日に、厚生労働省担当者が、本件記事を含む「平成10年度における保険医療機関等の指導及び監査の実施状況について」の掲載全部を削除したことは、担当者が本件ホームページ中に欠格期間（平成10年7月31日以前の処分は2年間）を経過した処分の記事が含まれているとの自覚を欠いていたまま掲載を継続していた可能性をうかがわせるところである。）。

なお、被告は、本件記事の内容の大部分は告示されたものであり、報道機関等に対しても既に報道関係資料として公表されたものであること、現在も情報公開制度によって不特定多数人に閲覧可能な状態にあること等からすると、欠格期間経過後も本件ホームページへの掲載を続けたことが不相当とはいえない旨主張する。

　しかし、過去に告示や新聞報道等がなされたことがあることとホームページ上に日々掲載され続けるのとでは、当該情報が一般国民の目に触れる蓋然性が大きく異なることは明らかであり、告示されたり新聞等で報道されたりしたことがあったとしても、その情報をホームページに掲載することが当然に違法性を欠くことにはならない。ましてや、実際に情報公開制度を利用して原告らの本件各取消処分にかかる情報の公開を請求するのは極めて少数の者に限られると考えられるから、たとえ、開示請求がなされた場合に開示を義務づけられる情報であるとしても、ホームページへの掲載が当然に相当ともいうことができない。

　また、被告は、本件ホームページにおいて本件記事を開くためには、相当時間を要する一定の手順を経る必要があることを理由に、本件ホームページにおける掲載自体が、他の手段と比して格段に閲覧容易なものとはいえない旨主張する。

　しかし、弁論の全趣旨によれば、本件ホームページに本件記事が掲載されていた当時、原告の氏名をキーワードとしてインターネットの検索サイトにより検索すれば、本件記事が検索結果として出てくる蓋然性が極めて高かったものと認められる。そうすると、インターネット利用者は、本件ホームページの冒頭のページから本件記事が掲載されたページまで順に開いていかなくとも、上記検索をすることによって、本件記事に直接アクセスして、原告が本件各取消処分を受けた事実とその内容を閲覧することは容易であり、原告の知人や原告の歯科診療を受けようとする患者らがそのような検索をすることも十分あり得ることであるから、被告の上記主張は相当で

ない。

　(3)　以上検討したところによれば、厚生省あるいは厚生労働省の担当者は、平成10年7月1日の原告の本件各取消処分から2年間の欠格期間経過後である平成12年7月1日以降においては、本件記事を本件ホームページから削除するか、もしくは、掲載を継続するのであれば、2年の欠格期間をホームページ上で明示するなど原告の処分について既に欠格期間を経過していることが閲覧者に分かるような態様で掲載すべき注意義務があったにもかかわらず、かかる注意義務を怠って、漫然と本件記事の本件ホームページへの掲載を継続したものといわざるを得ない。

　そうすると、厚生省あるいは厚生労働省の担当者が平成10年7月1日の原告の本件各取消処分から2年間の欠格期間経過後である平成12年7月1日以降においても本件記事を本件ホームページに欠格期間を明示することなくそのまま掲載し続けた行為は、原告の名誉や社会的信用を傷つけ、人格権を侵害するものとして国家賠償法上違法であると評価できる。

　したがって、被告は、国家賠償法1条1項に基づき原告の被った損害を賠償する責に任ずべきである。

(6) 経済上の措置

　地方厚生局は、監査の結果、診療内容または診療報酬の請求に関し不正または不当の事実が認められ、これに係る返還金が生じた場合には、該当する保険者に対し、医療機関等の名称、返還金額等必要な事項を通知し、当該保険者から支払基金等に連絡させ、当該医療機関等に支払うべき診療報酬からこれを控除させることができることになっています。

　地方厚生局は、返還の対象となった診療報酬に係る被保険者等が支払った一部負担金等に過払いが生じている場合には、監査対象となっ

た医療機関等に対して、当該一部負担金等を当該被保険者等に返還するよう指導することとされています。

　監査の結果、診療内容または診療報酬の請求に関し不正または不当の事実が認められた場合における当該事項に係る返還期間は、原則として5年間とする。なお、「不当」とされたものについては実額を、「不正」とされたものについては1.4倍を返還しなければならないとされています。

●健康法保険法　第58条第3項

> （不正利得の徴収等）　第58条
> 3　保険者は、第63条第3項第1号に規定する保険医療機関若しくは保険薬局又は第88条第1項に規定する指定訪問看護事業者が偽りその他不正の行為によって療養の給付に関する費用の支払又は第85条第5項（第85条の2第5項及び第86条第4項において準用する場合を含む。）、第88条第6項（第111条第3項において準用する場合を含む。）若しくは第110条第4項の規定による支払を受けたときは、当該保険医療機

(7) 再指定

　保険医療機関等が取消処分を受けた場合、5年間は再指定を受けることができず、5年間は保険診療を行うことができなくなります。そのため、取消処分は保険医療機関等にとってはとても重大な処分となります。

　自由診療を行う道が残されているとはいえ、大半の医療機関、医師が保険診療を行っている現状からすれば、取消処分を受けることは死活問題であることは間違いありません。また、取消処分を2回受けたこと等を理由として保険医の再登録が認められなかった事例もあり（東京高等裁判所平成26年10月8日）、5年経過したからといって再

指定、再登録が認められるわけではありません。

■参考裁判例：東京高裁・平成 26 年 10 月 8 日

> （要旨）地方厚生局長が、過去に 2 回取消処分を受けた歯科医師による保険医の再登録を認めない旨の処分をした事案において、過去に 2 回以上の取消処分を受けた者は療養担当規則等を遵守しようという意思に乏しいこと等を理由として、そのような者の再登録を認めなかったとしても違法ではないとした事例。
>
> （判決文、抜粋）
> 　保険医の登録を受けて保険診療をする権利なるものが、医師の資格を有する者に対して憲法上当然に付与されるべき基本的人権であると解するのは困難であること、健康保険法 71 条 2 項 4 号にいう「著しく不適当と認められる者」の解釈に当たり、「保険医等の登録取消を 2 度以上重ねて受けた」ことが極めて重要な考慮要素となるとする本件基準に依拠して、保険医の登録を拒否する処分を行うことは、健康保険制度における給付内容や費用の適正化を図ることを目的とするものと解され、公共の福祉に合致すること、故意又は重大な過失により、療養担当規則等に反する不正又は不当な行為を行い、それを理由に登録取消という重い処分を 2 度以上受けた者は、類型的にみて療養担当規則等を遵守する意思に乏しく、指導や監査後の措置が効果を発揮しないという評価を受けてしかるべきであることなどに照らせば、そのような者が保険医の登録を受けることができず、保険診療を行えないことになるとしても、歯科医師の職業の自由に対する過度の規制とはならない。

4 クリニック開業時に最低限知っておくべき「療養担当規則」

　保険診療を行うドクターであれば、「療養担当規則」という言葉を聞いたことがあると思います。
　しかし、その内容をどこまで詳しくご存じでしょうか。
　多くのドクターは、大学の授業や勤務医の業務において、療養担当規則の内容を勉強する機会はほとんどありません。勤務医時代には、保険請求が事務局任せになっていることが多いからです。また、療養担当規則について詳しく解説している書籍も少ないため、療養担当規則はシークレットな状態にあります。
　ところが、クリニック開業時からは、ドクター自らがこの療養担当規則に基づいて、クリニックの運営にあたり、自らが保険請求をしなくてはなりません。ドクターがこれから説明する療養担当規則の基礎を知っておくことは、診療所開設後の「個別指導」や「監査」におけるトラブルを避けるためにとても有益です。

(1) 療養担当規則

　そもそも療養担当規則とは何でしょう。健康保険法では、「保険医療機関において診療に従事する保険医は、厚生労働省令の定めるところにより、健康保険の診療に当たらなければならない。」（健保法第72条）とされています。
　ここでいう厚生労働省令が「保険医療機関及び保険医療養担当規則」であり、一般的に「療養担当規則」と呼ばれるものです。
　厚生労働大臣が保険医療機関と保険医が保険診療を行うにあたって

守るべき基本事項を定めたものです。療養担当規則の第1章では、「保険医療機関の療養担当」として、療養の給付の担当範囲や担当方針等を、第2章では、「保険医の診療方針等」として、診療の一般的・具体的方針、診療録の記載を定めています。

ところで、健康保険法第80条および第81条は、「保険医が第72条第1項の規定に違反したとき、すなわち、療養担当規則に違反した場合、厚生労働大臣は保険医療機関の指定や保険医のとしての登録を取り消すことができる」と定めています。そのため、開業したドクターが療養担当規則に違反してしまうと、最悪の場合、保険医療機関の指定や保険医としての登録を取り消されてしまい、保険診療ができなくなってしまいます。この取消処分の具体的事例（裁判例）については、本章の❸で詳述したとおりです。

このような事態を避けるために、開業するドクターや将来開業を検討しているドクターは、療養担当規則について、最低限度その内容を知っておく必要があります。以下、厚生労働大臣による取消処分の前提となる監査において、注意しておくべき療養担当規則の内容を説明します。

(2) 注意すべき療養担当規則

① 診療録（以下、「カルテ」という）

カルテは、ドクターによる診療経過の記録であり、診療報酬請求を行う根拠です。カルテにはドクターが実際に行った診療事実に基づいて必要事項を適切に記載する必要があり、これに不備があると診療報酬請求の根拠がないと判断されかねません。そのため、カルテの記載について規定した療養担当規則第22条については、確実に理解するようにしてください。

ア　カルテの記載

　療養担当規則第22条は、「保険医は、患者の診療を行った場合には、遅滞なく、様式第一号又はこれに準ずる様式の診療録に、当該診療に関し必要な事項を記載しなければならない。」と定めています。

　また、医師法では、「医師は、患者の診療を行った場合には、遅滞なく、必要な事項を診療録に記載しなければならない。」とされており、これに違反した場合の罰則（50万円以下の罰金）も規定されています（医師法第24条1項、第33条の2）。歯科医師法でも同様の規定がなされています（歯科医師法第23条1項、第31条の2）。

　裁判を含めて、医療安全上の問題に関する治療内容を事後的に検証する場合、カルテの記載内容が非常に重視されます。そのため、カルテには、実際に行った診療内容が正確に記載される必要があります。

　普段の業務が忙しいからといって、週末にまとめて記載するなどというやり方は、控えてください。時間の経過とともに記憶が減退し、実際の診療と異なる記載をしてしまうおそれがあるからです。

　開業してからの業務はクリニックの運営もあり忙しいとは思いますが、診察の都度カルテ記載を行うことを心がけましょう。

　厚生労働省保険局医療課医療指導監査室作成の「保険診療の理解のために（医科）」（以下「保険診療の理解のために（医科）」という。）には、カルテの記載上、特に注意すべき点として、次の事項が挙げられています。

●記載上の留意点（一例）
・診療の都度、診療の経過を記載する。必然的に、外来患者であれば受診の都度、入院患者であれば原則として毎日、診療録の記載がなされることになる。
・慢性期入院患者、集中治療室入室中の患者、慢性疾患で長期通

院中の患者等についても、診療録の記載が必要なことは当然である。
・診療録に記載すべき事項に、算定要件として定められている診療報酬点数の項目があることに留意する。
・修正等の履歴が確認できるよう、記載はペン等で行うとともに、修正は修正液・貼り紙等を用いず二重線で抹消し行う。
・責任の所在を明確にするため、署名を記載の都度必ず行う。

ポイント

　監査で問題になる例として、記載方法の問題があります。急いでいたため、鉛筆書きをしてしまったり、修正ペンで修正したり、カルテの所定様式の枠外に記載してしまうなどです。また、使用しているカルテ用紙が、厚生労働省の指定様式に適合していなかったなどという場合もあります。様式が変更されていたにもかかわらず、それを知らなかったということで以前の様式を利用していると記載事項の漏れが生じてしまいます。実際に、販売業者が様式の変更に気づかずに以前の様式を販売したためにトラブルが生じる場合もありますので、ドクター自身がカルテ様式の変更がないかに注意する必要があります。

　イ　電子カルテ
　　（ア）電子カルテの特徴
　電子カルテに関しては、入力者（作成の責任の所在）や修正箇所、更新の履歴が不明確になってしまうという特徴があるため、別途注意が必要です。
　　（イ）医療情報システム安全管理に関するガイドライン
　電子カルテは、紙媒体と違い、パソコンなどを利用しなければ内容を見ることができない点や筆跡により記載者を特定できないなどの特徴があります。そのため、厚生労働省は「医療情報システム安

全管理に関するガイドライン第5版」を策定しており、「7 電子保存の要求事項について」には、特に以下の保存要件を求めています。

> 法的に保存義務のある文書等を電子的に保存するためには、日常の診療や監査等において、電子化した文書を支障なく取り扱えることが当然担保されなければならないことに加え、その内容の正確さについても訴訟等における証拠能力を有する程度のレベルが要求される。誤った診療情報は、患者の生死に関わることであるので、電子化した診療情報の正確さの確保には最大限の努力が必要である。また、診療に係る文書等の保存期間については各種の法令に規定されており、所定の期間において安全に保存されていなくてはならない。これら法的に保存義務のある文書等の電子保存の要件として、真正性、見読性及び保存性の確保の3つの基準が示されている。

電子カルテについては、紙媒体と同様、診療報酬請求の根拠であり、裁判等になった場合の証拠となり得る必要があることから、①真正性の確保、②見読性の確保、③保存性の確保というものが特別に要求されています。以下、これらについて説明します。

　（ウ）真正性、見読性および保存性の確保の3つの基準
　　　i 真正性の確保：虚偽入力、書換え等の防止
　　　　修正、消去やその内容の履歴が確認でき、記録の責任の所在が明らかな状態を確保する。
　　　〈具体例〉
> 　ア　端末使用開始前に、ログアウトの状態であることを確認する。また、席を離れる際はクローズ処理等（ログオフやパスワード付きスクリーンセイバー等）を施す。
> 　イ　紛失、盗難の可能性を十分考慮し、可能な限り端末内に患者情報を置かない。また、個人情報が保存されている機器や記録媒体の設置、保存場所には施錠し、PC等

> の重要機器には盗難防止用チェーンを設置する。
> ウ　パスワードは英数字、記号を混在させた8文字以上が望ましい。最長でも2か月以内に定期的に見直し、不正アクセスの防止に努める。また、パスワードやIDは、本人しか知り得ない状態に保つようにする。たとえば、それらを記したメモを端末に掲示したり、医師がそれらを看護師に伝達し、食事、臨時処方等オーダーを代行入力等させない。

ⅱ　見読性の確保：書面に表示できること・肉眼で見読可能な状態にできること
　記録事項を直ちに明瞭、整然と機器に表示し、書面を作成できる状態を確保する。
ⅲ　保存性の確保：法令に定める期間内、保存すること
　記録事項を保存すべき期間中、復元可能な状態を確保する。

　また、前記ガイドラインと重なる箇所もありますが、「保険診療の理解のために（医科）」では、電子カルテについて特に注意すべき点として、以下の事項が挙げられています。

> ●医療情報システム（電子カルテ等）に関する留意点
> ・端末使用開始前に、ログアウトの状態であることを確認すること。また、席を離れる際には必ずログアウトすること。
> ・パスワードは定期的に見直し、不正アクセスの防止に努めること。また、パスワード等を記したメモ等を端末に掲示等しないこと。
> ・医師が他の者（例えば担当看護師等）にパスワードを伝達し、食事、臨時処方等のオーダーの入力代行等をさせることのないようにすること（場合によっては、当該看護師の無資格診療を問われる可能性がある。）

- 電子カルテにおいても紙カルテと同様に、修正等の履歴が確認できるシステムが構築されていること。
- いわゆるレセプトコンピュータの場合、コンピュータ内に記録が保存されていたとしてもカルテとは見なされないこと（入力の都度、紙へ出力したものを編綴しておく必要がある。）

また、カルテの書換えは、証拠隠滅などの刑事犯罪になるものです。筆跡鑑定などができない電子カルテについては、特に書換えのリスクに注意する必要があります。

● 刑法　第104条

（証拠隠滅等）
第104条　他人の刑事事件に関する証拠を隠滅し、偽造し、若しくは変造し、又は偽造若しくは変造の証拠を使用した者は、2年以下の懲役又は20万円以下の罰金に処する。

以下の裁判例は、カルテの書換えが、証拠隠滅罪に問われた事件です。結果的に書換えを行ったドクターは、刑事罰とともに、医業停止および保険医登録取消という重い処分を受けました。

■ 参考裁判例：
東京地裁平成16年3月22日判決 東京女子医大事件

【事件概要】
　小児患者の心臓手術において、医師Aが人工心肺の操作を誤ったことが疑われる状況があり、人工心肺の脱血ができなくなった結果、患者は脳循環不全による重度の脳障害を負い、死亡した。医師Bは、その手術に第1助手として立ち会っていた。

【判決】
　医師Bは、患者に重度の脳障害が発生していなかったように装うため、ICU記録や人工心肺記録を偽造した。
　医師Bは、刑事裁判では、証拠隠滅の罪に問われ、懲役1年執

> 行猶予3年の判決を受けた。更に、行政処分として、医業停止1年6か月及び保険医登録取消の処分を受けている。

ウ　傷病名（レセプト病名の禁止）

　カルテには、医学的に妥当適切な傷病名を記載する必要があります。前で述べたとおり、カルテは、次に患者を担当するドクターにとっての貴重な情報源であり、保険診療の診療報酬請求の根拠でもあるからです。そのため、保険適応外の診療行為を保険請求するために、レセプト作成のためのみに用いられる実態のない架空の傷病名（いわゆる「レセプト病名」）を用いてカルテを作成することは非常に不適切であり、返還の対象となるだけでなく、監査において不正請求とも判断されかねません。

　不正請求による取消処分のきっかけとしては、実施された診療行為を保険請求する際に、審査支払機関での査定を逃れるため「レセプト病名」を記載したものが多くあるため、注意してください。

　「保険診療の理解のために（医科）」には、不適切な傷病名の例として、以下の具体例が挙げられています。

> （不適切な傷病名の例）
> ① 実施した検査の査定を逃れるための傷病名
> ・「播種性血管内凝固」→ 出血・凝固検査
> ・「急速進行性糸球体腎炎」→ MPO－ANCA 検査
> ・「深在性真菌症」→（1→3）D－グルカン検査
> ② 投薬・注射の査定を逃れるための傷病名
> ・「上部消化管出血」「胃潰瘍」→ 適応外のH2受容体拮抗剤の使用目的
> ・「播種性血管内凝固」→ 適応外の新鮮凍結血漿の使用目的
> ・「ニューモシスチス肺炎」→ 合成抗菌剤の予防投与目的

また、傷病名記載上の留意点として、主治医自らが記載することや所定の様式に記載することが要求されます。なお、「保険診療の理解のために（医科）」では、記載上特に留意すべき事項として、以下の事項が挙げられています。

> ・医学的に妥当適切な傷病名を主治医自ら付けること。請求事務担当者が主治医に確認することなく傷病名を付けることは厳に慎むこと。
> ・診断の都度、診療録（電子カルテを含む。）の所定の様式に記載すること。なお、電子カルテ未導入の医療機関において、「医療情報システムの安全管理に関するガイドライン」に未準拠のオーダーエントリーシステムに傷病名を入力・保存しても診療録への傷病名の記載とは見なされないため、必ず診療録自体に記載すること。
> ・必要に応じて慢性・急性の区別、部位・左右の区別をすること。
> ・診療開始年月日、終了年月日を記載すること。
> ・傷病の転帰を記載し、病名を逐一整理すること。特に、急性病名が長期間にわたり継続するのは不自然な場合があるので、適宜見直しをすること。
> ・疑い病名は、診断がついた時点で、速やかに確定病名に変更すること。また、当該病名に相当しないと判断した場合は、その段階で中止とすること。

エ　保険診療と自由診療の区別記載

　療養担当規則第8条は、「保険医療機関は、第22条の規定による診療録に療養の給付の担当に関し必要な事項を記載し、これを他の診療録と区別して整備しなければならない。」と規定されています。保険診療を受けている患者に対し、適切な自由診療（混合診療に該当しない自由診療）を行った場合には、別のカルテを作成しなければなりません。

> **ポイント**
>
> 　監査において混合診療か否かを判断する際に、カルテで自由診療と保険診療の区別がなされているかを確認されます。そこで、自由診療を行う場合には、確実に保険診療と区別して、カルテを作成するよう留意してください。

オ　カルテの保存

　療養担当規則第9条は、「保険医療機関は、療養の給付の担当に関する帳簿及び書類その他の記録をその完結の日から3年間保存しなければならない。ただし、患者の診療録にあっては、その完結の日から5年間とする。」と定めています。また、医師法では、「前項の診療録であって、病院又は診療所に勤務する医師のした診療に関するものは、その病院又は診療所の管理者において、その他の診療に関するものは、その医師において、5年間これを保存しなければならない。」とされており、これに違反した場合の罰則（50万円以下の罰金）も規定されています（医師法第24条第2項、第33条の2）。歯科医師法でも同様の規定がなされています（歯科医師法第23条第2項、第31条の2）。

　そこで、カルテについては、電子カルテを含めて、最低でも5年間は保管する必要があります。カルテが診療報酬請求の根拠であり、医療上問題が生じた場合に最も重要な証拠になることから、長期の保管を義務づけられています。この保管義務は罰則をも伴う厳しいものであり、開業医としては、仮に看護師や事務員などのスタッフが廃棄した場合でも、自らがその責任を負うこととなるため、スタッフへの教育を徹底してください。

　また医療事故などの民事上の不法行為責任については、時効の除斥期間が最大で20年と長いため、カルテについては、5年にとどまらず長期保管されることをお勧めします。

なお、電子カルテ導入後に、紙のカルテを保管する方法として、スキャナーで電子化して保管する方法をとることができます。その場合は、紙カルテとして5年間保管する義務はなくなります。

> **ポイント**
>
> 　監査で問題になる例として、カルテの保管が適切になされておらず、対象となるカルテを提出できないというものがあります。この原因として、職員がうっかり破棄してしまうというものもありますが、ドクターと職員とのトラブルで、職員に故意に破棄されたという事例もあります。**本章の5 (2) で述べる「情報漏洩等の具体的対策」を参考に、職員への情報漏洩対策を実施するようにしてください。**

② 診療報酬明細書（以下、「レセプト」という）の作成
　ア　レセプトへの関与
　　療養担当規則第23条の2では、「保険医は、その行った診療に関する情報の提供等について、保険医療機関が行う療養の給付に関する費用の請求が適正なものとなるよう努めなければならない。」と定めています。レセプトは、医療機関が保険請求を行うために、保険者に対して診療内容を証明するものだからです。
　　そのため、レセプトは、請求事務部門が単独で作成するものではなく、ドクターも作成の一翼を担っていることを十分に認識する必要があります。また、誤請求や不適切請求を未然に防ぐためにも、レセプトの作成を請求事務部門任せにするのではなく、ドクターが自らレセプトの点検作業等に参加し、レセプト作成に積極的に関わる必要があります。

> **ポイント**
>
> 　監査では、レセプトとカルテの突合が行われ、その記載の矛盾を理由として、取消処分に進んでいきます。監査においては、「スタッフがレセプトを作成したのでカルテと異なる理由はわからない」などという言い訳は一切通用しないため、ドクターがレセプト内容を把握しておく必要があります。

イ　レセプト点検

　審査支払機関への提出前には、ドクター自ら必ずカルテ等と照合し、記載事項に誤りや不備等がないか十分に確認する必要があります。

　「保険診療の理解のために（医科）」には、レセプト点検時に留意すべき事項として、以下の事項が挙げられています。

（レセプト点検時の注意点の一例）

① 傷病名

・診療録に記載（あるいは医療情報システムに登録）した傷病名と一致しているか。

・査定等を防ぐことを目的とした実態のない架空の傷病名（いわゆる「レセプト病名」）が記載されていないか。

・疑い病名、急性病名等が長期間にわたり放置されていないか。

・診療開始日が、レセプトと診療録とで一致しているか。

② 請求内容

・レセプトの請求内容は、診療録の診療内容と一致しているか。

・診療録への必要記載事項が定められた項目の請求については、必要な事項がきちんと診療録に記載されているか。

・医師がオーダーしていない医学管理等が算定されていないか。また、同一の医学管理等が、入院と外来とで重複して算定されていないか。

・中止、取消した薬剤等が誤って算定されていないか。また、処

置等に用いた薬剤を投薬欄に記載するなど、誤った場所に記載
　　されていないか。
・処置名、術式は、実際に行った手術と合致しているか。
・摘要欄の記載が適切に行われているか。
③ DPC／PDPS
・診断群分類は医学的に妥当適切なものか。
・傷病名、副傷病名その他レセプト上の傷病名が、診療録上のも
　のと一致しているか（診断群分類の決定過程に単独で付けられ
　た傷病名となっていないか。）。
・入院中に新たに発生した手術・処置・副傷病等により、入院時
　に付けた診断群分類と異なっていないか。
・本来は出来高で請求すべき患者がDPC/PDPSで請求されてい
　ないか。

　ウ 症状詳記について
　　レセプト上の傷病名や請求項目のみでは診療内容に関する説明が不十分と思われる場合は、診療から保険請求に至った経緯について「症状詳記」を作成し、レセプトに添付する必要があります。この際、検査データ等の客観的・具体的事実を簡潔明瞭に記載してください。
　　また、客観的事実（検査結果等）を中心に記載し、診療録の記載やレセプトの内容と矛盾しないことを心がけてください。

③ 無診察治療の禁止
　医師法第20条には「医師は、自ら診察しないで治療をし、若しくは診断書若しくは処方せんを交付し、自ら出産に立ち会わないで出生証明書若しくは死産証明書を交付し、又は自ら検案をしないで検案書を交付してはならない」と規定されており、無診察治療が禁止されています。歯科医師法でも同様の規定がなされています（歯科医師法第20条）。

また療養担当規則第20条には、「医師である保険医の診療の具体的方針は、前12条の規定によるほか、次に掲げるところによるものとする。一　診察」とあり、保険による診療報酬請求を行ううえで、診察を行うことが当然の前提になっています。

患者から診察に行く時間がないなどと頼まれたからといって、診察をしないで、投薬したり、注射や処方せんを交付したりすることは控えてください。

> **ポイント**
>
> 昨今、訪問診療に関して、訪問看護師からの聴取りをもとにドクターが薬剤の処方をしたことが無診察治療に当たるとして取消処分がなされた事例があります。これは新規個別指導からいきなり取消処分となった事例です。
>
> そこで、開業したてのドクターは「新規個別指導だから取消処分はないだろう」などと安心することなく、開業当初から「療養担当規則」に沿った診療を心がけてください。

④ 過剰診療の禁止

療養担当規則第20条には、「一　診察　ホ　各種の検査は、診療上必要があると認められる場合に行う。」「二　投薬　イ　投薬は、必要があると認められる場合に行う。」とあり、検査や投薬は必要があると認められる場合に行うとされています。診察したうえで、個々の患者の病状などから必要性があると認められない場合には、過剰診療と判断されてしまい、その分の査定が行われますので、注意してください。

> **ポイント**
>
> 　監査で問題になる例として、査定逃れを目的として、保険診療の適用期限が切れている薬剤を別の薬剤名で保険請求する、いわゆる「振替請求」があります。この原因として、ドクターが患者から特定の薬剤の利用の希望を受けて、使用期限切れの薬剤を利用してしまうというものがあります。
>
> 　地方厚生局に対しては、患者の希望を尊重したという言い訳は一切通用しませんので、ドクターの専門的判断に基づいて治療方針を決定してください。
>
> 　また、振替請求を行った場合、同日分に行った適切な保険診療請求のすべてが査定対象として処理されてしまい、これだけで非常に高額の返還義務が生じるとともに、取消処分に至る可能性が非常に高まりますので、絶対に行わないようにしてください。

⑤ 健康診断の禁止

　療養担当規則第20条には「一　診察　ハ　健康診断は、療養の給付の対象として行ってはならない。」とあり、保険医は保険を用いて、健康診断を目的とする検査等を行ってはなりません。これは、労働安全衛生法上の健康診断の場合も同様です。

⑥ 窓口減免の禁止

　療養担当規則第5条の規定（後掲）により、患者から直接受領できる費用の範囲は以下のとおり定められています。

（患者に負担を求めることができるもの）
ア　患者一部負担金
イ　入院時食事療養費・入院時生活療養費の標準負担額
ウ　保険外併用療養費における自費負担額
エ　人工腎臓を実施した患者について、療養の一環として行われた

食事以外の食事の実費
オ 療養の給付と直接関係ないサービス等の実費一部負担金等の受領について

　上記以外の費用は、原則的にすべての患者から徴収する必要があり、特定の患者（職員、ドクターや職員の家族等）に対する減免措置を取ることはできません。患者の不当誘引につながるからです。

💡ポイント

　「看護師などの職員やその親族等の診療後、健康保険への7割請求は行うが、患者負担分である3割に関する窓口受領を行わない」などという行為も窓口減免の禁止に該当します。従業員の福利厚生対策を行うのであれば、従業員に実際にかかった費用を負担してもらい、別途相当額分の給与を与えるなどの方法により調整してください。この方法であれば、療養担当規則違反も避けられるうえ、医院の経費としても処理できます。
　また、ドクターの家族や職員の家族に対する診療（いわゆる自家診療）は、原則として保険診療・保険請求が可能です（なお医師国保組合で「自家診療」を保険給付外としている場合も多くあります）。しかし、家族や職員であることから、診療行為が適当になったり、カルテの記載に不備が生じがちとなり、監査でも不備を指摘されやすいため、注意してください。

●療養担当規則　第5条

（一部負担金等の受領）
第5条　保険医療機関は、被保険者又は被保険者であった者については法第74条の規定による一部負担金、法第85条に規定する食事療養標準負担額（同条第2項の規定により算定した費用の額が

標準負担額に満たないときは、当該費用の額とする。以下単に「食事療養標準負担額」という。)、法第85条の2に規定する生活療養標準負担額（同条第2項の規定により算定した費用の額が生活療養標準負担額に満たないときは、当該費用の額とする。以下単に「生活療養標準負担額」という。）又は法第86条の規定による療養（法第63条第2項第1号に規定する食事療養（以下「食事療養」という。）及び同項第2号に規定する生活療養（以下「生活療養」という。）を除く。）についての費用の額に法第74条第1項各号に掲げる場合の区分に応じ、同項各号に定める割合を乗じて得た額（食事療養を行った場合においては食事療養標準負担額を加えた額とし、生活療養を行った場合においては生活療養標準負担額を加えた額とする。）の支払を、被扶養者については法第76条第2項、第85条第2項、第85条の2第2項又は第86条第2項第1号の費用の額の算定の例により算定された費用の額から法第110条の規定による家族療養費として支給される額に相当する額を控除した額の支払を受けるものとする。

⑦ 患者紹介の禁止

　療養担当規則2条の4の2（経済上の利益の提供による誘引の禁止）は、「保険医療機関は、事業者又はその従業員に対して、患者を紹介する対価として金品を提供することその他の健康保険事業の健全な運営を損なうおそれのある経済上の利益を提供することにより、患者が自己の保険医療機関において診療を受けるように誘引してはならない。」と定めています。

　患者獲得を目的として、患者紹介ビジネスに紹介料を払うことはもちろん許されません。また直接紹介料を払わなくても、高齢者住宅にテナント診療所を有している場合などで、賃借料や委託料が不当に高額で、患者紹介の対価が上乗せされていると疑われる場合も問題になります。形式ではなく実質で判断されますので、注意するようにして

ください。

⑧ 特定の保険薬局への誘導の禁止

　療養担当規則2条の5（後掲）は、特定の保険薬局への誘導を禁止しています。独立した専門職（医師、薬剤師）による相互確認システム（「処方」と「調剤」の分離）に基づき、安全確保と質の向上を図るという「医薬分業」の趣旨に反することとなるからです。

　ドクターが直接特定の保険薬局を指示することはもちろん、患者のサービス目的であるとしても、特定の保険薬局のみを記載した地図の配布や特定の保険薬局を記載した案内図の掲示は許されません。収受が禁止される「利益」は、金銭のみならず、便益、労務、供応接待も含まれますので、ご注意ください。

💡ポイント

　処方せんの処方欄に、特定の保険薬局との間で事前に約束された「約束処方」による医薬品名の省略、略語の利用も禁止されています。また、医院でFAXを利用している場合に、一部の特定の保険薬局のFAX番号を記載して掲示したり、事前に複合機などに登録しておくことも禁止されています。

　なお、地域の保険薬局の一覧を掲示したり、すべての薬局を登録することは可能です。

● 療養担当規則　第2条の5

（特定の保険薬局への誘導の禁止）
第2条の5　保険医療機関は、当該保険医療機関において健康保険の診療に従事している保険医（以下「保険医」という。）の行う処方せんの交付に関し、患者に対して特定の保険薬局において調剤を受けるべき旨の指示等を行ってはならない。

2　保険医療機関は、保険医の行う処方せんの交付に関し、患者に対して特定の保険薬局において調剤を受けるべき旨の指示等を行うことの対償として、保険薬局から金品その他の財産上の利益を収受してはならない。

⑨ 混合診療の禁止

混合診療とは、健康保険の範囲内の分は健康保険で賄い、範囲外の分を患者自身が費用を支払うことで、費用が混合することは禁止されています。

混合診療禁止の理由は、以下のとおりです。

ア　安全性、有効性等が確認されていない医療が保険診療と併せ実施されてしまう。

イ　保険診療により一定の自己負担額において必要な医療が提供されるにもかかわらず、患者に対して保険外の負担を求めることが一般化してしまう。

ポイント

監査で特に問題になる混合診療の例として、保険診療で治療中、治療目的で保険適用外の薬剤や検査のみを自費徴収することや、保険診療の適用期限が切れている薬剤を自費で徴収することがあります。この原因として、ドクターが患者から特定の薬剤の利用の希望を受けて、これを断れなかったというものがあります。患者思いで業務を行うことが、結果として、自身の保険医取消処分を招く結果になりかねません。

また、同一疾病について、たとえば、10月2日に保険診療を行い、10月9日に保険適用外の治療を自費で行い、10月15日に再び保険診療を行うことは、同一月に同一疾病に対する保険診療と自費診療が混在することとなるため、「混合診療の禁止」に該当し、監査でも問題とされますので、くれぐれもご注意ください。

療養担当規則で「混合診療の禁止」を直接規定しているものではありません。しかし、後掲の最高裁判例（平成23年10月25日最高裁第三小法廷判決）は、「健康保険法86条の文理から、評価療養の要件に該当しない先進医療に係る混合診療においては保険診療相当部分についても保険給付を行うことはできない」旨の解釈（混合診療保険給付外の原則）をする際に、療養担当規則第18条、第19条の存在を根拠としています。

●療養担当規則　第18条・第19条

（特殊療法等の禁止）
第18条　保険医は、特殊な療法又は新しい療法等については、厚生労働大臣の定めるもののほか行ってはならない。

（使用医薬品及び歯科材料）
第19条　保険医は、厚生労働大臣の定める医薬品以外の薬物を患者に施用し、又は処方してはならない。ただし、医薬品、医療機器等の品質、有効性及び安全性の確保等に関する法律（昭和35年法律第145号）第2条第17項に規定する治験（以下「治験」という。）に係る診療において、当該治験の対象とされる薬物を使用する場合その他厚生労働大臣が定める場合においては、この限りでない。

■参考裁判例：平成23年10月25日・最高裁第三小法廷判決

（事案）
　健康保険の被保険者である上告人が、腎臓がんの治療のため、保険医療機関から、単独であれば健康保険法上の療養の給付に当たる診療（いわゆる保険診療）となるインターフェロン療法と、療養の給付に当たらない診療（いわゆる自由診療）であるインターロイキン2を用いた活性化自己リンパ球移入療法（以下「LAK療法」という。）とを併用する診療を受けていた。ところが、当該保険医療

機関から、単独であれば保険診療となる療法と自由診療である療法とを併用する診療（いわゆる混合診療）においては、健康保険法が特に許容する場合を除き、自由診療部分のみならず、保険診療に相当する診療部分（以下「保険診療相当部分」ともいう。）についても保険給付を行うことはできない旨の厚生労働省の解釈に従い、両療法を併用する混合診療を継続することはできないと告げられ、これを断念せざるを得なくなった。そのため、厚生労働省の上記解釈に基づく健康保険行政上の取扱いは健康保険法ないし憲法に違反すると主張して、被上告人に対し、公法上の法律関係に関する確認の訴えとして、上記の混合診療を受けた場合においても保険診療相当部分であるインターフェロン療法について健康保険法に基づく療養の給付を受けることができる地位を有することの確認を求めた。

(判決要旨)
　単独であれば健康保険法第63条第1項所定の療養の給付に当たる保険診療となる療法と先進医療であり療養の給付に当たらない自由診療である療法とを併用する混合診療において、その先進医療が同条第2項第3号所定の評価療養の要件に該当しないためにその混合診療が同法第86条所定の保険外併用療養費の支給要件を満たさない場合には、上記の保険診療に相当する診療部分についても保険給付を行うことはできない。

　このように最高裁判所が「混合診療の禁止」を認めていますので、監査において、ドクターが、混合診療が禁止されていることを知らなかったという言い訳は通用しません。
　また、混合診療を行った同日分の保険診療分のすべてが査定されてしまい、これだけで非常に高額の返還義務が生じてしまいます。さらに、取消処分に至る可能性が非常に高まりますので、「絶対に混合診療はしてはいけない。」と肝に銘じて診療にあたってください。

5 個別指導や監査手続のきっかけ（情報漏洩対策の重要性）

(1) 個別指導や監査手続のきっかけ

　個別指導や監査手続に入るきっかけの多くは、①現・元職員（看護師や医療事務など）からの内部告発や②患者からの申告などです。職員から要らぬ恨みを買ったことで、本来受ける必要が無い監査手続や取消処分に発展してしまうおそれがあります。

　また、悪質な場合は、職員によって、カルテの無断持出しや資料が破棄されるおそれがあり、その結果、療養担当規則第9条（帳簿等の保存）に反することとなります。

　さらに、職員による情報漏洩が原因で、クリニックが患者から損害賠償請求を受けることもあります。たとえば、看護師が情報漏洩をしたことで、病院の損害賠償責任（使用者責任）が認められたものとして、以下の裁判例があります。

■参考裁判例：福岡高裁・平成24年7月12日判決

（事案）
　ユーイング肉腫に罹患し病院に入通院していた当時19歳の女性患者の病状や余命等を、同病院の看護師が夫に話し、その夫が病院外で患者の母親に告知した。これを受けて、患者の母親が秘密が漏洩されたことを知り著しい精神的苦痛を受けたとして、病院に対して慰謝料300万円を含めた計330万円の損害賠償を請求した事案

(判示事項)

　看護師は、その職務上知り得た秘密を、勤務時間や勤務場所の内外を問わず、漏洩してはならない不作為義務を負っているが、勤務時間外に自宅で夫に対して行われたものでも従業員としての前記不作為義務に反する行為であり、病院の管理する秘密が漏洩されたものである。そのため、職務上知り得た秘密を夫に話したことは、病院の事業の執行について行われたものであり、病院の看護師の選任および事業の監督について相当の注意をしたとは認められないなどとして、病院に使用者責任を認め、110万円の損害賠償が認められた。

(2) 情報漏洩等の具体的対策

　開業したドクターは、日ごろから、職員によるドクターやクリニックに対する嫌がらせ目的での情報漏洩がなされないよう「情報管理教育」の徹底を行うことが必要になります（なお、正当な事由に基づく内部通報は公益通報者保護法により許容されています。この点は(3)で後述します）。

　特に職員との間で、勤務条件等でトラブルが発生した場合には、すぐにこの職員のカルテなどの院内資料への接近を制限するか、またはこの職員の動きを慎重に把握して、情報漏洩がなされないように留意してください。

　具体的対策としては、以下のものが挙げられます。

ア　病院内の全職員向けの研修会で、カルテ等の資料の無断持出しや破棄が刑事犯罪（窃盗や器物損壊等）になり得ることの周知を行い、対象となる職員に事実上のプレッシャーを与える。

●刑法　第235条・第261条

（窃　盗）
第235条　他人の財物を窃取した者は、窃盗の罪とし、10年以下の懲役又は50万円以下の罰金に処する。

（器物損壊等）
第261条　前三条に規定するもののほか、他人の物を損壊し、又は傷害した者は、3年以下の懲役又は30万円以下の罰金若しくは科料に処する。

🔵 ポイント

　このような情報漏洩研修は、一回実施したからよいというものではなく毎年実施していくことが有効です。
　新入社員への研修が効果的であるとともに、過去に受講した職員も時間の経過とともに研修受講時の危機意識が薄くなってしまうからです。

イ　入社や退職段階で、職員から情報漏洩等に関する「誓約書」を取ることで、カルテなど院内資料の重要性を周知するとともに、情報漏洩に基づく損害賠償の可能性があることを認識させることで、職員による資料の破棄や無断持ち出しなどの違法行為を抑制する。

🔵 ポイント

　誓約書は、任意の意思に基づき取得する必要があります。退職する職員から密室で無理やり書かされたなどと言われないよう、誓約書を取得する際は、客観性を保つため、クリニック側は1名ではなく2名程度の人間が対応し、後々のトラブルが生じないようしてください。
　逆にクリニック側の人数が多くなりすぎると、職員から威圧されて書かされたとの反論がなされる可能性があるため、クリニック側は2名が適切と言えます。

■**退職時の誓約書の記載例**

秘密保持に関する誓約書

　私は、○年○月○日貴医院を退職するにあたり、貴医院の在職中に知りえた情報に関し、以下の事項を厳守することを誓約します。

1　私は、以下の各号に規定する業務上知り得た秘密（以下「秘密情報」といいます。）について、貴医院の退職後においても一切の秘密を保持し、第三者に対して開示し、又は自ら使用いたしません。
　(1)　在職中に携わった業務により知り得た診療録、問診票、検査成績票、看護記録、ドクター指示票、X線写真、CT・MRI画像写真、病棟日誌、手術記録、麻酔記録等の情報
　(2)　在籍中に入手した文書、資料、図面、写真、サンプル、磁気テープ、フロッピーディスク、電磁的記録（データ）等の業務に使用したもの
　(3)　貴医院の取引先等に関する情報や営業上の情報
　(4)　貴医院の財務内容等に関する情報
　(5)　前各号のほか、貴医院が特に秘密保持対象として指定した情報
2　本誓約書の各条項に違反して、貴医院の秘密情報を開示、漏えい又は使用した場合、法的な責任を負担するものであることを確認し、これにより貴医院が被った一切の損害（社会的な信用失墜を含みます）を賠償することを約束いたします。

ウ　就業規則や秘密保持規程に、情報漏洩や書類の不当破棄を懲戒解雇事由や退職金不支給事由としておくことで、懲戒解雇の可能性や退職金不支給などのペナルティを示唆し、違法な情報漏洩等のリスクを防止する。

> **ポイント**
>
> クリニックで扱う情報は一般企業の情報とは異なりますので、就業規則や秘密保持規程には、各クリニックの特性に合わせて、秘密情報や破棄対象物の特定を行ってください。具体的な例示を行っておくことで、職員も医院がどのような情報や物の価値を重視しているのかがわかり、情報漏洩等防止の効果が期待できます。

■就業規則の記載例

（職員の遵守義務）
第○条　職員は、本就業規則に定められた義務を誠実に履行し、事務所秩序の維持に努めなければならない。

（解　雇）
第○条　職員が下記の各号の一に該当した場合は、解雇することがある。
　① 医院の秘密情報（患者情報およびその他の医院に関する情報をいう）を院外に漏らしまたは事業上の不利益を計ったとき
　② 医院の秘密情報を医院の許可なく院外に持ち出し、第三者に漏えいさせ、または洩らそうとしたとき
　③ 故意または過失により診療録、問診票、検査成績票、看護記録、ドクター指示票、X線写真、CT・MRI画像写真、病棟日誌、手術記録、麻酔記録、診療報酬明細書、帳簿、備品等を汚損、破壊、使用不能の状態等にしたとき、またはハードディスク等に保存された秘密情報を消去または使用不能の状態にしたとき
　④ 医院の許可なく、医院で公認していないWEB掲示場およびブログ、Twitter等のSNSへ、医院および患者の個人名や情報等が特定できる形での書き込みを行ったとき
　⑤ その他この規則および諸規程に違反し、または前各号に準ず

る程度の行為を行ったとき

(懲戒解雇)
第○条　職員が第○条の解雇事由に掲げる行為を行い、その行為が悪質と認められる場合には、懲戒解雇できるものとする。ただし、情状により諭旨退職および出勤停止処分とすることがある。

■秘密保持規程の記載例

秘密保持規程

(目　的)
第1条　この規程は、就業規則第○条第○項に基づき、職員が遵守すべき秘密保持等に関し定めるものである。

(秘密保持)
第2条　職員は、医院の許可がない限り、次に定める事項に関する秘密情報、その他医院が特に秘密保持の対象として指定し、ないし客観的に秘密情報と考えられる情報(以下「秘密情報」という)を第三者に漏洩または開示しないものとし、職員が退職した後も同様とする。
　①　患者情報(診療録、問診票、検査成績票、看護記録、ドクター指示票、X線写真、CT・MRI画像写真、病棟日誌、手術記録、麻酔記録等)に関する事項
　②　医院の取引先に関する事項
　③　財務・経営に関する事項
　④　その他医院の性質上、秘匿すべき一切の事項

（調査協力）
第3条　職員は、業務の遂行に関連しない状況下において、医院の秘密情報に接する機会を有した場合には、その旨を直ちに医院に報告するとともに、医院の事実調査に全面的に協力しなければならない。

（開示禁止義務）
第4条　職員は、在職中、作成した第2条に定める情報に関する書類、写真、図面、サンプル、電子データ等の資料およびそれらの複写・複製物（以下「各種資料」という）を慎重に保管するものとし、またこれを第三者に開示しないものとする。

（退職金減額、不支給、返還）
第5条　前条の義務違反が行われた場合、職員の退職金を減額ないし支給しないことがある。既に退職金が支給されている場合は、医院は職員に対し、その一部ないし全部の金額の返還を求めることがある。かつ、これとは別に、職員は医院が被った損害を賠償するものとする。

（懲戒・損害賠償責任）
第6条　職員が本規程に違反した場合、その程度に応じ就業規則に定める懲戒を受けるものとし、かつ、医院の被った損害を賠償するものとする。

（付則）
第7条　本規程は、〇年〇月〇日より施行する。

(3) 内部通報制度の確立

　適切な内部告発については、公益通報者保護法によって許容されています。

　しかしながら、公益通報者保護法の条件を満たした通報がなされるとは限りません。内部通報制度が設置されていなかったために、直接行政やマスコミなどの外部へ違法な通報がなされるおそれがあります。

　そのため、クリニックとしては、違法な内部告発を防止するために、クリニック内部に内部通報制度を構築しておくことが重要です。職員には、内部通報相談窓口が設置されていること、およびその通報先の電話番号を周知し、外部に委託している法律事務所等がある場合は、その存在と通報先の電話番号を周知しておきましょう。

●公益通報者保護法　第1条

> （目　的）
> 第1条　この法律は、公益通報をしたことを理由とする公益通報者の解雇の無効等並びに公益通報に関し事業者及び行政機関がとるべき措置を定めることにより、公益通報者の保護を図るとともに、国民の生命、身体、財産その他の利益の保護にかかわる法令の規定の遵守を図り、もって国民生活の安定及び社会経済の健全な発展に資することを目的とする。

　この法律は、法の条件を満たした適法な内部告発に関して、内部告発を理由に職員を解雇できないことなどを定めています。

　クリニック自らが内部通報制度を確立しておくことにより、行政やマスコミ等の外部への通報前に院内で違法行為を把握できるというメリットがあります。すなわち、職員がクリニック内の内部通報制度が設置されているのにこれを利用せず、いきなり外部へ情報漏洩した場合、この情報漏洩が違法と判断される可能性が高くなります。そのた

め、職員自身も、外部への情報提供を行う前にクリニック内の内部通報制度を利用するインセンティブが働きます。

また、クリニック内に内部通報制度が確立されていることが、職員の不正行為を抑制するというメリットもあります。

なお、内部通報制度の詳細については、消費者庁が「民間事業者における内部通報制度に係る規程」を公開していますので、ご参照ください。

> ○消費者庁「民間事業者における内部通報制度に係る規程集」
> http://www.caa.go.jp/policies/policy/consumer_system/whisleblower_protection_system/private/pdf/koueki_minkan_170127_0003.pdf（2018.11.22）

第 **4** 章

ドクターの体験談に基づく個別指導対策

1 新規個別指導

第4章では、「新規個別指導」、「個別指導」、「生活保護の個別指導」について、指導を受けたドクターにインタビューを行い、そこから知り得た事実をもとに、指導の実態と、指導への対策について解説します。また、「指導」から「監査」に進み、「保険医取消処分」を受けてしまった場合、医道審議会にかけられ、「医業（歯科医業）停止処分（いわゆる免許停止処分。以下、停止処分）」になる場合もあります。こちらも不正請求とは別件にはなりますが、実際に停止処分を受けたドクターへのインタビューにより、普段知る機会の少ない「停止処分」の実態とその対策についても述べます。以下の記述では、指導を受けたドクターの体験談を筆者が代弁して表現する部分が含まれています。

（1）新規個別指導の概要

　新規個別指導は、新規指定保険医療機関を対象に、新規指定から概ね6か月〜1年以内に実施されます。
　一般的に行われている個別指導との主な違いは下記のとおりです。
① 　新規個別指導は、第1章でも述べられているとおり、新規開業した保険医療機関のうち、医科であれば約30％、歯科であれば90％以上の保険医療機関を対象に実施されます。指導日の約1か月前に通知が郵送されます。保険医は、「保険医療機関の現況」等の提出を行います。
② 　新規個別指導の対象レセプトは、診療所の場合10人分（新規ではなく一般の個別指導（以下、個別指導）の場合は30人分：

後述）です。指導日の1週間前に連絡が来て、医療機関のFAX通信確認をしたうえで、指導対象患者のリストがFAXで送付されます。
③　新規個別指導の指導時間は、診療所の場合1時間（個別指導の場合は2時間：後述）です。
④　新規個別指導の結果、自主返還が求められる場合は、指導対象となった10人分のレセプトについてのみ自主点検および自主返還が求められます。
⑤　正当な理由なく新規個別指導を拒否した場合は、個別指導が実施されます（個別指導拒否の場合は監査が実施されます：後述）。

　なお、新規個別指導の実施通知には「正当な理由なく個別指導を拒否した場合には、監査を実施する」旨の記載はありませんが、新規個別指導から監査に移行し、保険医登録等の取消しに至った事例が、2010年以降、6例あります。
　よく、「新規個別指導は単なる儀式にすぎないのだから1時間我慢すれば大丈夫」「普通にやっていれば新規でやられることはない」などという先輩ドクターからのアドバイスを真に受けてしまう事例もあるようですが、実態として上記のような事実が存在する以上、たとえ新規個別指導だとしても、万全の準備で臨むべきだと考えられます。

（2）新規個別指導のケースレポート（歯科のケース）

　新規個別指導の通知文書を**図表4－1**に示します。

■図表4－1

平成　　年　　月　　日

開設者　　　　　　　　　　　　　　
　　　　　　　　　　　　様

　　　　　　　　　　　　　　　　　　　■厚生支局長

　　　　　　　　■厚生支局及び■県よる社会保険医療担当者の
　　　　　　　　新規個別指導の実施について（通知）

　社会保険医療行政の推進につきましては、平素から格別のご高配を賜り厚くお礼申し上げます。
　さて、この度、健康保険法第73条（船員保険法第59条において準用する場合を含む。）、国民健康保険法第41条及び高齢者の医療の確保に関する法律第66条の規定により、下記のとおり■厚生支局及び■県による個別指導を実施いたしますので通知します。

記

1　目　的
　　保険医療機関における保険診療等について定められている「保険医療機関及び保険医療用担当規則」等をさらに理解していただき、保険診療の質的向上及び適正化を図ることを目的としています。

2　日　時　　平成　　年　　月　　日（　）13時00分から14時00分まで

3　場　所　　　　　　　　　　　　　　共用第1会議室
　　　　　　　　　　　　　　　　　　
　　　　　　　　電話番号

4　出席者　　開設者、管理者、保険医、請求事務担当者等

5　当日準備していただく書類等
　　（1）診療録、歯科衛生士業務記録、歯科技工指示書及び納品伝票等
　　（2）X線フィルム（パノラマ、デンタル等）及び口腔内カラー写真（ただし、デジタル画像として電子媒体に保存している場合にあっては、原則として当該映像をプリントアウトしたもの）

第4章　ドクターの体験談に基づく個別指導対策

　　　（3）平行測定模型及び未着装補綴物

　　　※　上記の（1）から（3）については、指導日の1週間前（1週間前が土・日曜、祝祭日となる場合はその前の平日）に別途連絡する患者及び自家診療分に係るすべての記録
　　（4）特定保険医療材料、薬剤、金属材料、その他の歯科材料等の購入・納品伝票（直近1年分程度）
　　　　酸素については、本年度の単価の算定の根拠となった購入・納品伝票
　　（5）患者ごとの一部負担金徴収に係る日計表又は帳簿若しくは現金出納簿及び患者ごとの予約状況がわかる予約簿等　　（直近1年分程度）
　　（6）審査支払機関からの返戻・増減点通知に関する書類（直近1年分程度）
　　（7）領収証（控）、同様式、明細書及び処方せんの様式（1部、コピーでも可）
　　　※　処方せんは、院外処方せんを発行している場合に提出
　　　　　複写式の処方せんを発行している場合は、発行済みの控を提出
　　（8）患者への交付文書（薬剤情報提供に関する文書（薬袋により行っている場合は薬袋）、クラウン・ブリッジ維持管理料に係る案内書、医学管理等に係る情報提供文書等）の様式又はコピー
　　（9）院内掲示物例（クラウン・ブリッジ維持管理料に関する掲示物例等、デジタルカメラ等で撮影のうえプリントアウトしたものでも可）
　　（10）保険医療機関の現況（別紙1）
　　（11）保険医、歯科衛生士等の従事者一覧表（別紙2）
　　（12）業務手順の流れ図（様式任意）
　　　　・患者の受付から会計までの診療業務等の流れ図
　　　　・診療報酬明細書等の作成から審査、支払機関に請求するまでの診療報酬請求業務の流れ図
　　（13）診療報酬請求事務を外部委託している場合は、その契約書等
　　（14）歯科衛生士に係る出勤簿等（指導月前1年分程度）

6　その他
　　（1）指導に当たっては、上記以外の資料をお願いすることもありますので、ご承知おきください。
　　（2）当日は、準備等のため指導開始時刻の10分前までにご来場ください。
　　　※　進行状況により予定どおりに開始、終了できない場合があることを予めご承知ください。
　　（3）前期5の（10）から（12）については、平成■■年■月■日（■）までに、■■厚生支局■■事務所まで提出してください。
　　（4）照会等連絡先
　　　　　　　　■■厚生支局■■事務所　指導課

　　　　　　　電話番号　　■■■■■■■■■■
　　　　　　　担　　当　　■■

175

通知文書が厚生局から郵送され、日程に関する確認がなされたのちに、1週間前に対象となる患者リストがファックスで送られてきます。準備物等は通知に記載されています。

　指導当日、会場に向かいますが、こちらの例は地方都市の1例であり、一般の個別指導並みの会場の配置でした（**図表4－2**）。

■図表4－2　新規個別指導（インタビューしたドクターの場合）の配置例

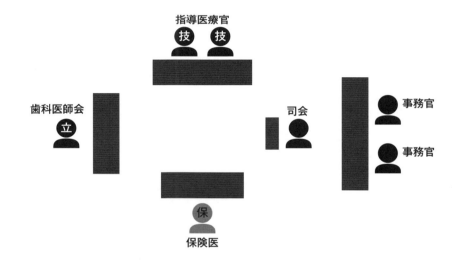

　県の技官と厚生局の技官それぞれ1名ずつおり、その前にドクターが座らされ、ドクターの左側に立会人として歯科医師会の担当ドクターがいます。立会人は、よほどのことがない限り発言することはありません。この時も、厚生局や県の技官から発言を求められた場合にのみ発言していました。

　ドクターの右側には、司会担当の事務官と、その後ろにレセプトや伝票等をチェックする事務官がいます。新規ということで、ドクター

と技官が多少打ち解けた雰囲気にもなったのですが、その頃合いを見透かすように、事務官から算定に対する指摘が厳しくなされる等、常に緊迫した時間が流れる１時間でした。

　大都市圏で開業しているドクターのケースでは、会場の設定からしても大きな差がありました。一例を**図表４－３**に示します。

■**図表４－３　新規個別指導の配置例**
　　　　　　（大都市等、指導対象クリニックが多い場合）

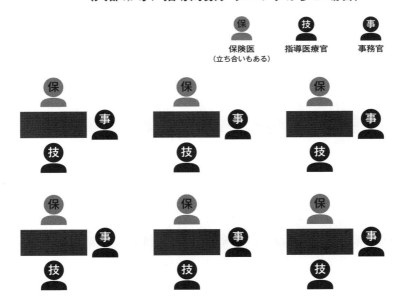

　今回インタビューしたドクターは、地方都市で開業しており、およそ10件のクリニックが２か月程度の期間に新規個別指導を受けています。したがって、この時も午後からの指導だったのですが、１日当たりせいぜい２件程度の指導で事足りる指導対象歯科医院件数ということもあり、このような本格的な人員配置になっていたものと考えられます。

　大都市等では新規個別指導の対象クリニックも相当な数に上るた

177

め、今回インタビューしたドクターの友人のお話では、図表４－３のように、個室ではなく大きな会議室に机を並べて行われるケースもあるようです。パーティションの区切りすらない場合は、自分の指導よりも、横のドクターが受けている指導のほうが気になってしまい、気が散ってしまう弊害もあるようです。

　今回インタビューしたドクターは、指導内容の録音をしていませんでした。というよりも、しないように誘導されていました。
　指導開始前に、「指導内容を後でよく勉強したいので、録音をさせていただいていいですか」と質問したところ、技官たちの顔つきが急に変わり、「録音されてもいいですが、そうすると、指導内容に関してグレーはなくなり、グレーで済ませるところがすべて黒ということになりますけど、それでもよかったら録音してください」と言われ、録音することを断念したそうです。
　結果的に、事なきを得た新規個別指導でしたが、冷静に考えれば、個別指導において、グレーをグレーのままで済ますはずもなく、うまく言いくるめられてしまったというのが実際のところでしょう。
　余談ではありますが、無断で録音すること（以下、「秘密録音行為」という）自体が違法行為なのか？万が一裁判等になった場合、無断で録音した音声が証拠として採用されるのか？という疑問についてお答えします。
　秘密録音行為に関しては、たとえばコンサートや映画館など、著作権法の規定によって録音が禁止されている場合は、当然のことながら録音すること自体が違法行為になります。しかし、個別指導の場合は、録音を禁止した明確な法律がないため、秘密録音行為そのものをもって直ちに違法行為とされることはありません。ただし、その音声をみだりにネット上等に公開することは慎むべきと考えられます（下記判例を参照）。
　秘密録音行為によって得られた音声データに証明力があるか（つま

り裁判等で証拠能力として認められるかどうか）ということですが、判例としては、東京高等裁判所昭和52年7月15日判決があります（判例時報867号60頁）。その中で、音声データが著しく反社会的な手段を用いて、人の精神的肉体的自由を拘束する等の人格権侵害を伴う方法によって採集されたものでない限り、証拠能力があるという内容が述べられています。

さて、新規個別指導で聞かれる内容ですが、一般論的にはなりますが、共通事項としては下記のような内容が挙げられます（複数のドクターにインタビューした最大公約数的なものです）。文脈から使い分けていますが、本稿では診療録とカルテは同義語と解釈してください。

① 療養担当規則・青本にそった診療を心掛けているか。
② 種々の算定はドクターの指示に基づいて行われているか。
③ レセプトは、提出前に主治医となるドクターが点検しているか。
④ 無診察・混合診療はしていないか。
⑤ 自己診療はしていないか。自家診療（家族やスタッフ等）に対する徴収はしているか。
⑥ 傷病名は1行1傷病名となっているか。
⑦ 傷病名はICD-10に沿った傷病名にしているか。
⑧ レセプトで転帰がないものは継続か。
⑨ いわゆるレセプト病名はないか。
⑩ 紙カルテか電子カルテか。
⑪ 診療録・技工指示書・納品書の整合性はとれているか。
⑫ 指導内容や管理内容が診療録に具体的に記載されているか。
⑬ 未収金の回収に対する体制を整えているか。
⑭ 院内掲示物がしっかり掲示されているか。その内容は必要十分か。
⑮ 定型的にリコール初診（いわゆる初診がえし、初診戻し）を算定してはいないか。

今回の新規個別指導では、指導結果として「経過観察」と判断されました。指導結果の通知後1か月で改善報告書を提出し、通知後2か月〜3か月後に自主返還関係の書類を提出しました。今回の新規個別指導では、義歯のクラスプの誤算定分の自主返還で済んでいます。

（3）今後、個別指導を受けないための対策、個別指導の対象となってしまった場合を想定した対策

個別指導の前に、高点数によるものに関しては集団的個別指導があります。第1章でも述べられているように、各都道府県の類型区分ごとの各科別平均点数の把握を行い、平均点の1.2倍を超えていないかどうかレセプトの再点検を行ってください。

集団的個別指導の対象になった場合は、翌年度も高点数保険医療機関等（この場合、翌年度の実績において、集団的個別指導を受けたグループ内の保険医療機関等の数の上位より概ね半数以上である保険医療機関等を指す）に該当してしまうと、個別指導の選定基準になってしまいます（**図表4-4**）。

逆に、高点数でなければ高点数であった判定がリセットされます。こうした集団的個別指導のシステムを利用し、高点数と平均点の1.2倍を超えない点数を意図的に繰り返して調整する方法もありますが、診療に忙殺されている現状を考えた場合、クリニックのレセプト担当に余程の人材がいないと難しいかもしれません。

第4章　ドクターの体験談に基づく個別指導対策

■図表４－４　集団的個別指導および個別指導の選定について

> **2　個別指導とは**
>
> 診療報酬請求等に関する**情報提供があった場合**、個別指導を実施したが**改善が見られない場合**、**集団的個別指導を受けた**保険医療機関等のうち、**翌年度の実績**においても、**なお高点数保険医療機関等に該当（※）**する場合等に、保険医療機関等を一定の場所に集める等して**個別面談方式により行う指導**である。
> また、個別指導の実施件数については、医科、歯科及び薬局ごとの類型区分ごとに全保険医療機関等の4％程度を実施することとしている。
> ※　高点数保険医療機関等に該当する保険医療機関等とは、翌年度の実績において、集団的個別指導を受けたグループ内の保険医療機関等の数の上位より概ね半数以上である保険医療機関等を指す。

（厚生労働省「集団的個別指導及び個別指導の選定の概要について」より）

　第１章でも述べられているように、高得点以外にも、個別指導の選定基準はいくつかあるので注意が必要です。また、都道府県によっても個別指導に選定した理由の比率には違いがあります（図表４－５）。したがって、一概に「先生のクリニックが個別指導の対象となった理由はこれです」というわけにはいきませんが、データとしてご参照ください。

■図表４－５　2017年度指導実績件数（兵庫県は予定件数）：
　　　　　　　個別指導の選定理由の内訳

	情報提供	再指導	高得点	その他
東京都	24	84	1	1
愛知県	7	13	43	3
兵庫県	9	27	22	0

（厚生局から開示された情報をもとに筆者作成）

＊その他には、集団的個別指導参加拒否も含まれる。

　なお、気になる個別指導の結果ですが、愛知県における66件の内訳は、概ね妥当（1件）、経過観察（49件）、再指導（16件）、中断・監査は該当なしとなっています。「概ね妥当」という結果が出るのは

非常に困難であることがわかります。なお、別年度の愛知県における個別指導中断は、2013年に1件、2015年に4件、2016年に4件です。監査となったのは、2012年に1件、2015年に1件と情報開示されています。

　上記の傾向からもわかるとおり、再指導や高得点だけでなく、依然「支払基金等、保険者、被保険者等からの情報提供」が、個別指導の選定理由として挙げられていることからも、レセプトが返戻された場合についてくる付箋の内容に関しては、二度と同じ過ちをしないように気をつける必要があります。すなわち、支払基金からの返戻時のコメントは、「うるさいおせっかい」ではなく「今後、個別指導にならないようにするための注意点の教え」ととらえるのが賢明な対処と考えられます。そのためにも、付箋の内容を項目ごとに整理して記録に残し、今後、レセプトを提出する際のセルフチェックリストを作っておくことも有効です。

　また、成果評価で報酬を得ているレセプト業者による「まあ先生、ダメもとで通してみましょう」などという言葉には決して乗ってはいけません。それは、個別指導への秒読みにも匹敵してしまうとんでもない対応です。

　以上をまとめますと、たとえ新規個別指導といっても、一般の個別指導と同じように、十分な準備と心構えで臨むべきであるということです。新規個別指導後も、次回は（一般の）個別指導に当たらないためにも、支払基金から返戻された際のコメント（付箋の内容）には十分注意し、決して不正請求はしない、不当請求と解釈されるようなことはしない（すなわち、請求に対して要求されている事項を診療録にしっかりと記載することを怠らない）という初心を貫徹することが何より大事なことと考えられます。せっかく時間をかけて実際に行った行為でも、診療録への記載が算定要件となっている事項の記載がなければ、それは「しなかったこと」と解釈されてしまうのが保険のルー

ルだということを忘れないでください。

　保険診療のルールに関しては、第2章❷保険診療のルールに記載されている厚生労働省保険局医療課医療指導監査室が作成したスライド資料「保険診療の理解のために【医科】」のほか、文書による資料や、歯科用の文書・スライド資料が公開されています。今一度、「保険診療の理解のために【医科】」「保険診療の理解のために【歯科】」で検索し、一読しておかれることをお勧めします。

2 一般の個別指導
（保険医取消にまで至ったケース）

（1）個別指導の概要

　個別指導は、選定委員会で選定された保険医療機関に対し、30人分の（可能な限り指導月に近い時期の）連続した2か月分のレセプトに基づき、2時間の面接懇談方式で（建前上は）行われます。実際には捜査取り調べ的な現場となっている場合が散見されます。

　個別指導に選定される理由は、前述の新規個別指導の最後の部分でも述べたとおり、①支払基金等や保険者、被保険者などからの情報提供（情報提供の場合は優先的に個別指導が行われます）、②前回の個別指導の結果が再指導、③前回の個別指導の結果が経過観察で改善が認められない場合、④集団的個別指導の翌年度も高点数医療機関（詳細は第1章**4**を参照）の上位8％に位置する場合、⑤正当な理由のない集団的個別指導の拒否といった優先度で基本的には選定されます。

◎ 個別指導の進行

　個別指導日の1か月前に、指導実施通知が送付されます（様式は第1章参照）。保険医は、「保険医療機関の現況」等の提出を行います。指導日の1週間前に連絡が来て、医療機関のFAX通信確認をしたうえで指導対象となる患者名の通知FAX（20名分）が送付されます。さらに前日に、患者名の通知FAX（10名分）が送付されます。計30名分が指導対象となります。

（2）個別指導のケースレポート（医科のケース）

　本稿では、あえて厳しい経過をたどった2件のケース（医科）について取り上げます。いずれも保険医取消にまで進展してしまったケースです。実名が記載されていますが、あらかじめ掲載の許可を得ています。

　個々の指導内容の妥当性や、その正当性の是非を論ずることは、本章の趣旨ではありません。このケースレポートを通じて、建前上は「懇談形式」としながらも、実態は「捜査取調べ」となっているケースがあるという現実を知っていただくことを目的としています。文字どおり「恫喝」となっている個別指導の裏側をご紹介する機会となれば幸いです。

　鳥取市で「プラザクリニック」を開業していた増田聰子先生は、診療報酬の不正請求を理由に、2007年11月1日付けで保険医療機関の指定と保険医登録の取消処分を受けてしまいました。しかし、残念ながらご本人に直接インタビューさせていただくことはできません。同年12月28日に自らの命を絶ってしまわれたからです。

　そこで、増田聰子先生のご子息である増田仁氏とメールでやり取りをしながら、その無念や、制度の矛盾に対するやり場のない怒り、10年たった今でも1日たりとも忘れることのない在りし日の思いなどを受け止め、増田聰子先生の自死をめぐるシンポジウムの内容も踏まえて、本稿を執筆させていただきました。

【事案の概要】

　増田聰子先生は、1994年に故郷の鳥取市で開業しました。平日は鳥取市で診療を行い、月に2回、週末に横浜市に戻る生活を続けていました。医療法人立で、在宅医療も手掛け、さらには地域の方々や老いた両親の面倒をみるために、診療所の敷地内でグループホームも経

営していました。

　個別指導を受けたのは、2007年7月25日です。指南内容としては、たとえば、効果は大きいが高価な保険適用外の経口栄養剤を保険適用のある別の薬に書き換えて請求したほか、無診投薬が見られていたとのことです。特定疾患療養管理料を対象疾患以外で算定したり、またX線撮影の際に看護師にスイッチを押させたりする例などがあったと言われています。

　しかし、合計12項目への処分項目をみたとき「往診や点滴が多い」「職員から診察料を徴収しなかった」など、動けない患者に対してより良い診療を行おうとしたり、善意によって行ったりした行動への「厳しすぎる処分」という感は否めません。

　その後、個別指導からわずか1か月も経過していない8月20日、そして9月4日、9月11日（この日は事務職員のみ出席）、9月26日の計4回「監査」が実施され、うち増田聰子先生が出席したのは計3回で、延べ7時間37分の聴取を受け、その監査の中で「刑事事件になってもおかしくない」というようなことを言われたと、後に増田聰子先生は語っています。

　増田聰子先生は、9月4日の2回目にあたる監査の後、当時の鳥取県東部医師会会長に相談を持ち掛けています。9月26日の4回目にあたる監査時の弁明書に、保険医の辞退、診療所の閉鎖等を促された旨のほか、「私の精神状態もおかしくなり、このまま診療を続けられる状態にありません」と記しています。

　10月5日に増田聰子先生に対し、保険医療機関の指定取消と保険医登録取消の通知がなされ、10月26日に聴聞手続が行われました。その後、最初の個別指導からわずか3か月後の10月30日の鳥取地方社会保険医療協議会で、これらの処分が決定し、11月1日付けで取消処分が行われました。

　2006年10月から2007年6月までの間の診療報酬の不正請求とされてしまった額は、約50万円に上りました。さらに、取消処分決定

からわずか1か月後の2007年11月30日までに、過去5年間にさかのぼり、合計数万枚にも及ぶカルテとレセプトを精査したうえで、レセプトの不正・不当請求箇所を訂正し、返還するよう求められました。当時の鳥取県東部医師会会長からのアドバイスにより、できる限り多額の返還を行えば罪が軽くなると信じていた増田聰子先生は死に物狂いでカルテとレセプトの訂正を行い、その返還額とされてしまった金額は、約1193万円に上ったということです。

　増田聰子先生は、既に個別指導の後から抑うつ状態にありましたが、2007年12月3日の時点で正式な診断を受けています。増田聰子先生は鳥取社会保険事務局からの不可能ともいえる返還請求への対応、恫喝のような個別指導、そして頼みの綱であった鳥取県東部医師会の増田聰子先生を重ねて処罰しようとする裏切りともいえる行動により、度々「死にたい…」と漏らすほどに症状が重篤化してしまいました。
　2007年11月9日に、鳥取県東部医師会から「保険医の資格が無いのであれば医師会を除名する」という、理不尽な連絡を受けた増田聰子先生は、11月29日に夫である増田肇先生の所属する横浜市南区医師会への異動手続を済ませ、翌11月30日に鳥取県東部医師会に退会の意向を伝えています。そして、12月10日に改めて書面にて鳥取県東部医師会に退会届を提出したところ、正当な理由の説明もなく受領が拒否されてしまいました。退会届を受領してしまうと、鳥取県東部医師会で裁定委員会が開催できなくなってしまうからです。
　その後、最終的に退会が認められるまで、鳥取県東部医師会との間で、「医道審議会にかけて医師免許を取り上げてやる」といった脅しも含め、さまざまなやり取りが続きました。
　その経過を紹介しますと、鳥取県東部医師会から裁定委員会開催の電話連絡があったのは12月16日。増田聰子先生の代わりに対応した夫である増田肇先生は、心身状況から裁定委員会には出席できない旨を説明しました。結局、12月19日に増田聰子先生は欠席のまま、第

1回裁定委員会が開催されてしまいました。

　第2回裁定委員会について、電話連絡があったのは12月27日です。ところが、2007年の年末も押し迫った12月28日に増田聰子先生は自らの命を絶ってしまわれました。年が明けて2008年1月11日にプラザクリニックの元従業員が、増田聰子先生が死してなおも出席を求める裁定委員会からの通知書を受け取り、さらに1月16日には夫である増田肇先生のクリニックにも通知書が届いています。

　最終的に2月18日の第2回裁定委員会で、「厳重戒告以上とすべきであるが、当事者死亡につき処分は要しない」「退会届については、提出されていた2007年11月30日付けをもって受理致しました」と、増田聰子先生が死を選んでようやく、まるで苛烈な追求を続けた医師会の責任逃れのように退会が決定し、その通知が夫である増田肇先生に届いています。以上が本事案の概要です。

　2013年9月8日、岡山市内にて「なぜ増田聰子医師は自死したのか？〜保険医への「恫喝」の防止策を考える」をテーマとしたシンポジウム（主催：指導・監査・処分改善のための健康保険法改正研究会）が開催されました。

　その中で、参議院議員で厚生労働委員会委員長（当時）、歯科医師でもある石井みどり氏は、指導や監査を機に医師、歯科医師が自殺する例が後を絶たない現状について、「特殊なケースではない」と強く問題視しています。

　「我が国の医療は社会主義そのもの。医療費適正化のために平均点数が高いという理由で指導の対象とされる。患者のためにより良い診療をした結果として高点数になっているのに、なぜそれを抑制するのか。個別指導を受けた人は皆、『あんな思いを二度としなくない』と言う。人格が否定され、医学的な根拠を持って説明しようとしても、聞く耳を持たない」と述べ、「脅迫・恫喝」となってしまっている指導・監査の制度と、行政の対応を批判しました。

健康保険法の改正のハードルは高いことから、まず指導にあたっては、弁護士の帯同を求め、記録を取るとともに、疑義がある場合には担当官と議論し、指導が不適切な場合には異議を申し立てるなど、毅然とした態度で対応する重要性を強調しています。
　また健康保険法の改正にあたっては、弁護士の「帯同」ではなく、指導・監査において保険医が弁護士を選任する権利を確立し、保険医の人権を確保できる環境を整えることが、「最初の一歩」であるとしています。
　石井氏は、「憲法が保障する国民の健康的生存権の理念実現には、国民の医療を受ける権利を保障することが必要であり、そのためには医師の診療権（保険診療実施権）を保障しなければならない」と語っています。
　増田聰子先生の事例は、シンポジウムに同席した弁護士のほか、増田聰子先生の夫であり、横浜市で開業している増田肇先生が説明しています。石井・増田肇両氏が特に問題視したのは、指導・監査の手続き上の問題に他なりません。

　前述のように、増田聰子先生は、2007年7月25日に個別指導を受け、その後、4回の監査を経て、同年11月1日付けで取消処分を受けています。そして、同12月に自らの命を絶たれています。シンポジウムに同席した弁護士は、「増田氏のケースは、他の多くの事例と共通している」と指摘しています。すなわち、

> ⅰ．個別指導の指摘内容に対しては、当該医師なりの考えがあるが、その部分が勘案されないまま、監査に至っている。
> ⅱ．監査では先に「取消処分ありき」という結論が見えており、途中でうつ状態になっていたにもかかわらず、監査が続けられた。
> ⅲ．取消処分を決める地方社会保険医療協議会も、「結論ありき」であり、十分な議論がなされていない。
> ⅳ．監査の結果、自主返還を求められる場合、短期間に過去5年分

> のカルテを精査し、対応することが求められ、作業量は膨大である上、精神的、経済的負担も大きい。

など、各プロセスに問題があるとしています。

特にⅱについて、シンポジウムに同席した弁護士は、「『悪いことをやっているのだから、悩むのは当たり前。自業自得だ』という姿勢で、監査を続行することは大変問題。人権感覚が完全に欠如している。うつ状態などが疑わしい場合には、中断するなどの対応が必要。増田氏の場合にも、うつ状態がひどくなったのなら、監査を止めることはできなかったのか。聴聞の場でも十分なことを弁明できていない」と、行政の対応に問題が残るとしています。

また、増田肇先生が鳥取県東部医師会に調停を申し立てた理由について、シンポジウムに同席した弁護士は、「取消処分を受けたために、退会届を提出したが、医師会はそれを保留して、裁定委員会を2度も開催した。退会届を出したら、医師会との関係が切れるはずだが、なぜ裁定委員会にかけたのか。それを明らかにするのが目的だった」と説明しました。

【増田肇先生らの調停申立の趣旨】(原文から相手方個人名は伏せるよう変更)

1. 申立人らは、相手方社団法人鳥取県東部医師会に対し、退会理由が任意退会か死亡退会かによりいかなる違いが生じるか、それぞれの退会の効力発生時期につき説明を求める。
2. 申立人らは、相手方社団法人鳥取県東部医師会に対し、故増田聰子医師の医師会の退会時期及び退会理由につき説明を求める。
3. 申立人らは、相手方に対し、医師に対する監査の現状につき説明を求める。
4. 申立人らは、相手方に対し、当時の鳥取県東部医師会会長が立ち会っていた平成19年9月26日の監査時の故増田聰子医師の心身状態及び監査状況につき説明を求める。
5. 申立人らは、相手方社団法人鳥取県東部医師会に対し、裁定委

第4章　ドクターの体験談に基づく個別指導対策

> 員会に付託するか否かを決する基準、要件につき説明を求める。
> 6. 申立人らは、相手方社団法人鳥取県東部医師会に対し、故増田聰子医師の保険医取消処分につき裁定委員会に付託した理由及び裁定手続の経過につき説明を求める。
> 7. 申立人らは、相手方社団法人鳥取県東部医師会に対し、故増田聰子医師の保険医取消処分につき、申立人増田肇に裁定委員会へ出席すべき旨の呼出しをした理由につき説明を求める。
> 8. 申立人らは、相手方社団法人鳥取県東部医師会に対し、申立人らが故増田聰子医師に代わって、過去5年間の診療報酬の不正請求分として金1193万円を返還した場合に、故増田聰子医師が納付した過去5年間の医師会会費のうち所得割年額につきどう処理するかにつき説明を求める。
> 9. 申立人らは、相手方社団法人鳥取県東部医師会に対し、相手方社団法人鳥取県東部医師会の会員であった増田聰子医師の死亡に対する弔慰をどう考えているかにつき説明を求める。

　増田肇先生は、「（増田聰子先生は）患者に向き合い真摯に診療していた」と説明するとともに、当時の指導・監査、処分に至る経過を紹介しています。指導・監査でも、医師会の役員が立ち会っており、地方社会保険医療協議会にも医師会員の委員が入っているが、「事実と違ったり、（指導を受ける医師を）軽蔑したり、非難する発言が見られた」と、同協議会の議事録を基に問題視しました。そのうえで、増田肇先生は、次のようにまとめています。

> i．行政処分は行政による一方的な処分で、国民の立場に立っていない。
> ii．最初から結論ありきの行政官のみによる監査を改め、諸外国のように、医師会員・法律家・一般人等による監査制度を立ち上げるべき。
> iii．個別指導は、医師が主体になって実施すべきだが、その場合、

指導される医師と利害関係のない医師が行うべき。
　iv．行政処分を追認し、調査権限も能力も持たない地方医師会の裁
　　　定委員会が、自らの会員を処分するのは、重大な人権侵害。

　増田聰子先生のご子息である増田仁氏は、今回の事件について、『恫喝～消された保険医資格～』というタイトルのドキュメンタリーDVDを作製しています。「真実を知っていただくために、また母の名誉を回復するために作成した。何十人も取材する中で、何人もが、母と同じように暴力的な指導・監査を受けていることがわかった。母の死をムダにしないためにも、その実態を知る資料として活用してもらいたい」と語られています。インターネットで、「個別指導・恫喝・DVD」あるいは「個別指導・恫喝・増田」で検索するとウェブ上で概要が出てくるかと思います。

　個別指導の体験について取材をしてゆく中で、筆者の耳には、増田聰子先生はじめ、本稿では掲載できなかった何名もの先生方の「無念の呻き」が重なって聞こえてきます。増田聰子先生のご冥福を心よりお祈り申し上げますとともに、権力の暴走による人権無視や、患者に対して真摯に寄り添う貴重なドクターを失うという国家的損失にもつながりかねない支離滅裂な保健行政の在り方につきまして、過ちを繰り返さないことを訴え続けていきたいと考えています。

3 一般の個別指導
（保険医取消となったものの、提訴し勝訴することができたケース）

　溝部達子先生は、山梨県甲府市で、みぞべこどもクリニックを開業されておられます。前述の増田仁氏が作成されたDVDの中でも、溝部先生がコメントを寄せています。本章の筆者は、そのDVDを視聴したことがきっかけで溝部先生を知ることとなり、増田仁氏の仲介で、溝部先生と連絡を取ることができました。溝部先生とメールでやり取りをする中で、「指導・監査・処分取消訴訟支援ネット」上に「溝部訴訟」として、本件の詳細を語ったインタビュー記事が掲載されていることを教えていただき、その記事を踏まえて、本稿に紹介させていただく了解をいただくことができました。

【事案の概要】
　2004年4月、山梨社会保険診療報酬請求書審査委員会小児科委員が「インフルエンザ感染症の確定病名が多い」との理由で、山梨社会保険事務局にみぞべこどもクリニックならびに溝部達子先生に対する個別指導を実施するよう要請しました。
　甲府市医師会副会長からも「疑義を感じる」等の情報提供が行われたということです。これを受け、同年9月28日に初めての個別指導が実施されましたが、指導は一旦中止され130名を超える患者調査が行われました。

　翌2005年1月に、第2回目の個別指導が行われましたが、これも

指導中止。同年2月には第3回目の個別指導が行われましたが、この指導もまた中止されています。これは**図表4−6**に示すように、あらかじめ指導を中止するシナリオが作られていました。

■**図表4−6　はじめから指導中止ありきの「個別指導司会進行要領」**

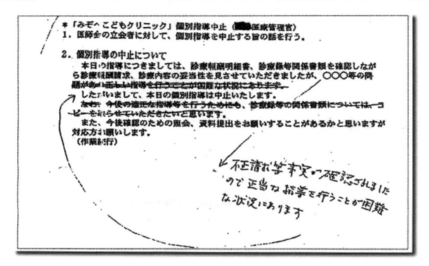

3回目の個別指導は、「点滴の件数が多い」「検査が多い」「輸液の量が多い」などの「診療内容に対する非難・追及」と「捜査のような状況＝2年間のカルテ・資料のコピー」に終始しています。

さらに、個別指導で問題にされた診療が、患者調査の結果、実は正当に行われていることが判明したため、その後の追及は、恣意的に方向性が変えられ、「無診察処方」に変わっていってしまいました（多くの患者の親は、社会保険事務局から非難されるそのような診療こそが心底ありがたかった診療であって、診療所を閉鎖してほしくない理由だと「社会保険庁宛の手紙」に書いていました）。

そして、2005年3月には監査が行われることとなってしまいます。

個別指導・監査を通じて、保険指導医や事務指導官は、「患者のことを話すな！」、「患者のことは聞いていない」、「患者の言うことを聞くな！」、「先生の言うことは違いますね」、「ウソを言っていますね」と弁明を許さない姿勢に終始しています。

> ＊筆者注：「患者の言うことを聞くな」という指導は、明らかに療養担当規則違反です。療養担当規則には、「診察は、特に患者の職業上及び環境上の特性等を顧慮して行う」（第 20 条および第 21 条）と明記されており、この発言は違法行為を強制していることになります。そもそも、患者の言うことを聞くというのは、規則以前に医療倫理・常識の問題のはずです。

さらに、山梨県医師会理事の立会人も「駄々をこねてもダメですよ。無診察処方は訴訟を起こしても医療者側が負けています」と、ダメ押しの末に精神的に追い詰め、監査調書への署名捺印を溝部先生に迫りました。

2004 年 9 月に行われた、第 1 回目の個別指導直後、甲府市医師会幹部は、相談した溝部先生に対して地元の医学部小児科教授を介して「取消処分は決まっている」と述べ、監査の直前には社会保険医療協議会の委員である山梨県医師会理事が、「保険医登録と保険医療機関の指定両方の取消が決まっている。早ければ来月の地方医療協議会で決定する」と述べている事実が示すように、この個別指導・監査は最初から組織ぐるみで取消処分を前提に進められた疑いが否定できません。

2005 年 4 月、みぞべこどもクリニックの存続を求める患者の親たちが患者会（500 〜 600 人）を結成し、取消処分撤回を求める署名活動を行い、28,000 名余りの署名が寄せられました。

2005年6月から11月にかけて4回の聴聞会が開かれています。聴聞会では、溝部先生側から数々の質問や反論を申し立てましたが、回答が得られないまま11月9日に行われた4回目の聴聞会の翌日、山梨社会保険医療協議会が招集され「保険医登録取消」「保険医療機関指定取消」が決定されてしまいました。溝部先生側は11月28日、「社会正義のために闘ってください」という患者や、「山梨を変えないといけない」という弁護士の声に支えられ、山梨社会保険事務局を提訴するに至りました（保険医療機関指定取消処分等取消請求事件、執行停止申立、国家賠償請求訴訟）。

　翌2006年2月2日、「取消処分執行停止申立」について甲府地方裁判所は、取消処分の執行を停止する決定を下しました。

　2006年2月14日、国側が控訴を断念したことから執行停止が確定しました。そして、取消処分の取消しを求める裁判は継続審議となりました。

　そして5年後、2011年5月31日、東京高裁での勝訴が確定し、保険医取消処分の取消しを求めた裁判に勝訴し、7年にわたる長い戦いに終止符が打たれました。以上が今回の事案の概要になります。

　溝部先生は、いわゆる溝部訴訟をめぐって、保険医取消処分の執行が停止されたあと（すなわち裁判に勝って保険診療が再開できるようになったあと）、全国保険医新聞2008年12月25日号において、以下のようにコメントしています。

　私は2005年11月、保険医登録と保険医療機関指定の取消しを決定されました。「保険行政における個別指導・監査・行政処分」がどのような実態にあるのか、それを皆様に知っていただき、この無法地帯に一石を投じることにより、保険医の権利が法の支配の下に保障されることを願って、私は訴訟を起こしました。

第4章　ドクターの体験談に基づく個別指導対策

　社会保険事務局の強い権限を背景にした強権的な個別指導・監査・行政処分によって、無念のうちに自殺された医師も多くいると聞いています。今も苦しんでいる先生方も多くいると思います。その代弁者として法廷に立っています。

　私は1980年に東京女子医大を卒業し、13年間大学病院の小児科の医局で働き、1995年に生まれ故郷である山梨県甲府市に戻り、開業しました。2004年9月28日に、初めての個別指導が実施されました。この時から私の人生が変わったといっても過言ではありません。

　個別指導は、2003年1月1日から2004年9月27日までの2年近いカルテについて行われました。そのころ、病児保育や毎日夜10時、11時までの診察などを行っていました。それが裏目に出て、「過剰診療」とされてしまいました。
　発端は、2004年4月、社会保険診療報酬請求書審査委員会小児科委員（レセプト委員）から、過剰診療ではないかという申し入れが社会保険事務局にあったことです（当時から、小児科医会の会長・副会長が長年レセプト委員を続けています）。また同日、甲府市医師会副会長からも疑義が多いと申し出がありました（これは、開示された社会保険事務局の内議資料に記載されていました）。
　最初の指導で過剰診療の指摘に対して、患者さんの状況と処置の必要性など事情を話しましたが、「保険行政は、情状酌量はない世界なんです」と、個々の事情は聞いてはもらえませんでした。指導らしき指導はなく、大量のカルテがコピーされ、「証拠集め」のためだけの初めての個別指導が終わりました。

　前述のとおり、「溝部落とし」を恣意的に策略したとも取れるような物的証拠も出てきました。このとんでもない事実も踏まえて、その後の展開に対し、溝部先生は次のように述べています。

> 　同年 11 月に、130 人以上の患者さんについての患者調査が行われ、2005 年 1 月 24 日に 2 回目の個別指導が始まりました。その冒頭で、「点滴の本数や薬の量、検査などの調査をしたところ、ちゃんとやっていることはわかった」と言われました。その時から、無診察で薬を処方しているとして、2 回目、3 回目（同年 2 月 3 日）の個別指導は、患者さんが診察を受けたかどうかを捜査するものに変わりました。
> 　聴聞会の前に、代理人の弁護士が、処分に関するすべての資料の開示を、社会保険事務局に請求しました。その時出されたものの中に、「指導中止」のシナリオがありました（編注：**図表４－６**）。これは 2 月 3 日に行われた個別指導の前に、既に個別指導の中止が決まっていたことを示す証拠です。
>
> 　結局、指導も是正勧告もまったくなく個別指導は中止になり、「重大な不正請求が見つかった」と、そのまま監査に移行し、その後、4 回の聴聞会を経て、同年 11 月に山梨地方医療協議会において、保険医登録と保険医療機関指定の取消しが決められた、というのが経緯です。

　こうした一連の「はじめから結論ありき」の展開について、溝部先生は次のように述べています。

> 　私は初めての個別指導の直後から監査の前までに、数人の医師会幹部より「既に取消処分は決まっている」と言われたので、「取消処分は決まってしまったもので、もうどうしようもない」と思い込まされていました。取消処分は、初めての個別指導の前から決まっていて、すべては練習された劇を観るがごとく、シナリオ通り進められました。不利益処分の不服を訴えるための聴聞会も社会保険医療協議会も、その本来の機能は失われ、形骸に過ぎませんでした。

第 4 章　ドクターの体験談に基づく個別指導対策

> 　2005 年 3 月、患者さんたちに、「理由はよくわからないが取消しが決まっている。診療所を閉鎖しなければいけない」と話しましたら、「それはどういうことですか？とにかく閉鎖されては困る」と口々に憤慨され、500 人から 600 人くらいの「患者会」がつくられ、署名活動をしたり、社会保険事務局に掛け合ったり、社会保険庁に手紙を書いたりしてくれました。
> 　署名はわずか 2 〜 3 週間のうちに 2 万 8 千筆余り集まり、過剰診療だと指摘を受けた診療（点滴や検査、夜遅くまでの診療、病児保育など）こそ、患者さんたちはやめてもらっては困ると訴えました。

　患者会が結成され、溝部先生にクリニックを閉鎖されては困るといった声も高まる中、保険医取消処分が執行されてしまいます。溝部先生のお話が続きます。

> 　その年、2005 年の 6 月に聴聞会が始まりました。その時、代理人になってくれたのが、山梨地方社会保険医療協議会の公益委員に任命されていた弁護士でした。山梨県弁護士会の会長をしている弁護士で、それまでの事情を知り、これはおかしいと委員を辞して聴聞会やその後の訴訟の代理人になってくれました。
> 　私は、多くの患者さんと弁護士さんの勇気ある行動により、今何をしなければいけないのかに初めて気がつき、裁判を起こすことを決意しました。同年 11 月、執行停止の申立と取消処分の取消し、さらに国家賠償請求を求め、社会保険事務局を提訴しました。12 月 1 日から取消しが執行されましたが、患者さんが来られるため診療をやめることができず、自費診療で続けました。
>
> 　甲府地方裁判所は 2006 年 2 月 2 日、執行停止を決定。その理由は以下の 3 点でした。
> 　1 点目は、「社会保険事務局が不正・不当とする事案について、

患者を個別・具体的に明らかにしていない」。すべての資料を請求したところ、固有名詞はすべて黒塗りで返ってきました。不利益処分の原因・理由が個別にわからないまま取り消すのはおかしいというのが裁判所の判断でした。

　２点目は「処分に至るまでの手続きについても、違法性を論じる余地がないとまでは認められない」。私は２回の「指導」もされず、保険医登録と保険医療機関指定の取消処分を受けましたが、処分の理由とされたものはすべて直したにもかかわらず、それは評価されません。

　３点目は「行政手続きにおける平等取扱の原則や比例原則などに照らし、処分が適法であることについて疑問の余地がないとは即断できない」と、裁量権の逸脱または濫用を示唆してくれました。
執行停止決定の背景には、社会保険事務局が行った患者調査が悪質な誘導尋問で、調書の返還を求める患者が多数にのぼったこと、取消し撤回を求める署名や社会保険庁への抗議の手紙が多数寄せられたこと、聴聞会でも裁判でも、事実誤認があったことを患者さん自身が証言したことなどがあったと思われます。

　２月11日、国が控訴を断念したため執行停止が確定しました。裁判史上、大変めずらしいことだそうです。

この顛末および裁判を通して、溝部先生は次のように訴えます。

　私はこの経験を通して次の３点を訴えたいと思います。
　１つ目は、社会保険事務局に行政手続法の定めと指導大綱に従った懇切丁寧・適切な指導をして、本来の職務を全うしていただきたいこと。
　２つ目は、監査法の公平性・透明性を実現し、客観的・合理的規則に見直してもらいたいということ。
　３つ目は、今回のように結論ありきで恣意的に事が進められるこ

とを抑制するための機能が必要だということです。

　現在の厚生局の構造と規則の中では「過剰診療」「不当請求」などの理由で「個別指導」を受け、カルテの中から何でも抜き出されて「監査」となり、1人の保険指導医や医療事務指導官の主観的尺度で取消処分が決まってしまいます。全国の保険医は本当に危ない状況にあり、保険医の権利は法の下に何も保障されていません。そのため、指導・監査・処分等の強い権限を背景にした社会保険事務局（現在は地方厚生局）の横暴・強権的保険行政がまかり通っています。
　1922年に制定された「健康保険法」には、保険医の権利について何も記載されず、86年が経過しています。全国の保険医は、最も大事な「保険医の権利」を忘れてきてしまったのではないでしょうか。
　今こそ、法の支配の下に保険医の権利を保障させることが、将来の日本の医療のためにも、全国の保険医のためにも、患者さんのためにも、ぜひとも必要なことと考えます。

　さて、裁判を通じて「保険医取消処分の執行停止」はなされたものの、「保険医取消処分」そのものが取り消されたわけではありません。保険医取消処分そのものに対する裁判は、甲府地方裁判所から、東京高等裁判所に持ち越されました。前述のとおり、2006年2月2日の甲府地方裁判所での「取消処分の執行を停止する決定」があり、控訴期限前の2月14日に「国側が控訴断念」したため、「取消処分執行停止が確定」しました（判決後、正式には判決正本が送達された日の翌日から起算して2週間以内にどちらかが控訴しない限り、その判決が確定します）。それから5年後、2011年5月31日に、東京高等裁判所での勝訴が確定し、保険医取消処分そのものの取消しを求めた裁判に勝訴するに至りました。

7年にわたる国との戦いののち、勝訴となった2011年10月30日、島根県保険医協会の主催による溝部先生の講演会において、溝部先生は以上の経過を話したうえで、以下の問題点を指摘しています。

> 　勝訴できた自分は特別、奇跡的なケース、構造的な問題は裁判後も何ら変わっていない。健保法、療養担当規則を改正し、行政権を法律で縛ることが必要。行政権を縛る規定が健保法には全くない。療養担当規則に違反すれば誰でも取消になる可能性がある。「不正」「不当」の解釈も、「しばしば」の解釈も担当官の気持ち一つで決まる。誰が取消になってもおかしくないと、厚労省の裁量権が広汎であり、それを縛ることの必要性を訴えました。

　そして、「保険医の診療権」は、国民（患者）の「受療権」であるとも主張し、今後の課題も含め、まとめとして「無関心を装うことは罪悪である」というマザー・テレサの言葉を紹介し、以下のように述べています。

> 　いじめるほうに加担するのはもってのほかだが、無関心を装い黙っているのも罪悪と考える。本当の問題は何であるのかということを、皆保険の中で見失ってしまったのではないか。一度見失ったのを見出して、何が必要なのか、何をしなければならないのか、それを先生方に考えて頂きたい。こうなったのは自分の運命と考えている。その運命を受け入れて、二度とこのような悲劇が起きないよう、そして、若い保険医のため負の遺産をのこさないよう努めたい。保険行政の改革に力を尽くすことが私に与えられた使命と考え前へ進んでいきたい。

　本章の❷でご紹介した、増田聰子先生のご子息が作成したドキュメンタリーDVD「恫喝〜消された保険医資格〜」を基に「スミレの花－もうひとつの恫喝－」として舞台作品も作られています。増田聰子

先生は裁判となる前に自らの命を絶ってしまわれましたが、こちらの作品は上記の溝部先生の事案も参考にして、保険医資格停止処分を受けた女性医師が、裁判を通じて権力に立ち向かう構成となっており、ウェブで検索できます。

　今後、個別指導をできるかぎり回避するために、まずは平均的なレセプトの点数の把握（診療所と所在地の平均点）から始める必要があります。これは第1章でも述べられています。また、新規個別指導のところでも解説したとおり、支払基金からのレセプトの返戻の際に付けられる「付箋」には、「個別指導にならないためのアドバイス」が暗示されています。ここは絶対に外さないようにするべきです。詳細は第2章をご参照ください。

　個別指導の対象となってしまった場合を想定しての対策としては、本章の❷でご紹介した増田聰子先生の事案をルポタージュしたDVDの中でも、溝部先生は、「指導を受けた時、決して孤独になってはいけない」ことを強調しておられます。孤独にさせて囲い込み、自滅に向かわせるのは恣意的捜査の常とう手段です。ドクター仲間にも恥を忍んで相談を持ち掛ける、保険医協会に相談するなど、先生の誠意に共感してくれる仲間を見つけてください。必ずいるはずです。相手は国家権力という極めて強大な力を持っている組織ですから、決して一人で戦おうとしないでください。

4 生活保護法による指定医療機関に対する個別指導

（1）生活保護法による指定医療機関に対する個別指導の概要

個別指導（生活保護法による指定医療機関に対する個別指導（以下、「生保個別指導」という））の対象は以下のとおりです。

> ①「指定医療機関に対する指導等について」（平成23年3月8日社援保発第0308第1号）を参考に、過去の指導実績や社会保険診療報酬支払基金から提供される診療報酬請求データを基に被保護者のレセプト件数が多い指定医療機関等を総合的に勘案し、一般病院・精神病院ごとに選定した医療機関
> ②社会保険診療報酬支払基金、実施機関、被保護者等から診療内容又は診療報酬の請求その他医療扶助の実施に関する情報の提供があり、個別指導が必要と認められた指定医療機関
> ③個別指導の結果、再度個別指導を行うことが必要と認められた指定医療機関または、個別指導において改善を求めたにもかかわらず、改善が認められない指定医療機関
> ④検査の結果、一定期間経過後に個別指導が必要と認められた指定医療機関
> ⑤医療扶助の取り扱いに関して特に指導を要すると認められる指定医療機関

なお、厚生労働大臣と共同で行う指導（共同指導）を実施する場合、上記①～⑤より選定された指定医療機関の中から、その内容を勘案し、

共同指導を実施することが必要な指定医療機関を選定するものとするとされています。

指導の着眼点は以下のとおりです。

① 生活保護制度の趣旨および医療扶助に関する事務取扱の状況
② 診療報酬請求の適否の状況
③ 他法の活用状況
④ 保護の実施機関との協力関係の状況
⑤ 医師、看護師等医療従事者の確保の状況
⑥ 診療録の記載内容および保存の状況
⑦ 診療内容から見た医療要否意見書の記載内容の適否の状況
⑧ 長期入院患者、長期外来患者に対する療養指導の状況
⑨ 入院患者日用品費の取り扱い状況
⑩ 病棟設備等の状況

上記のように、一般の個別指導と着眼点はほぼ同じであることがわかりますが、生活保護患者は患者窓口負担がないことから、未来院にもかかわらず「来院したことにする」あるいはしてもいない処置を「したことにする」、歯科であれば入れてもいない補綴(ほてつ)物を「入れたことにする」いわゆる「架空請求」の温床にもなりかねないところから、その点における精査はやはり一般の個別指導よりも重点を置いているようです。また、患者に対する反面調査もしたうえで指導を行うため、架空と思われる来院日はまず裏を取って確認しに来ると言ってもよいでしょう（たとえば、患者のケースワーカーとの面談日や、市役所等への来庁日などは記録されているため、この日時と診療所への来院日時がバッティングしたら、確実に架空がばれてしまいます）。

さらに注意を要するのは、生保個別指導を行う地方自治体は、指導の主催者でもあり、同時に保険者でもあることから、過去数年分のレセプトをすでに持っているということです。したがって、きわめて長

期にわたって診療の流れを見られることになりますので、この点は一般の個別指導よりも厳しく、注意が必要な点と考えられます。

（２）生保個別指導のケースレポート（歯科のケース）

　本章では、インタビューにお答えいただくことができた歯科の例をご紹介します。ここは、大阪市内で訪問診療を中心に開業されている歯科医院で、施設への訪問件数などが多く、今回の生保個別指導の対象となったものと考えられます。
　生保個別指導の通知文書を**図表４－７－１**および**図表４－７－２**に示します。

■図表４－７－１　生活保護個別指導の通知

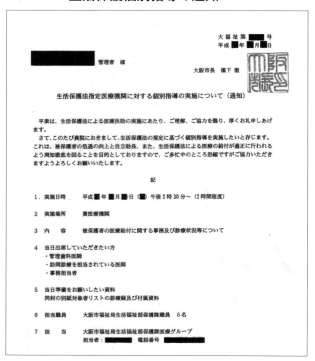

第4章　ドクターの体験談に基づく個別指導対策

■図表4－7－2　生活保護個別指導の通知（別紙）

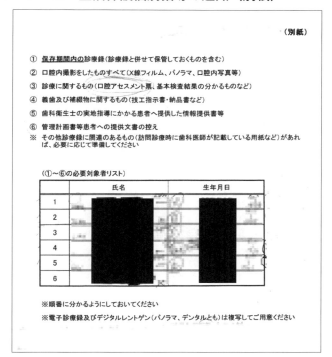

　まず、指導の1か月ほど前に、**図表4－7－1**および**図表4－7－2**のような通知文書が大阪市から郵送されます（図中の黒塗りの範囲が大きいですが、これはご提供いただいた先生がメモ書きをしている部分も含めて塗りつぶしてあるからです）。準備物等は下記のとおりです。

① 保存期間内の診療録（診療録と併せて保管しておくものも含む）。
　⇒これは、「カルテに添付」とされている文書も確認されるということです。
② 口腔内撮影をしたものすべて（X線フィルム、パノラマ、口腔内写真等）。

207

③ 診療に関するもの（口腔アセスメント票、基本検査結果のわかるものなど）。
　⇒口腔アセスメント票については、日本老年歯科医学会より、口腔機能維持管理マニュアルが無料でダウンロードできますので利用できます。
④ 義歯および補綴物に関するもの（技工指示書・納品書など）。
⑤ 歯科衛生士の実地指導にかかる患者へ提供した情報提供等。
⑥ 管理計画書等患者への提供文書の控え。
　＊その他、診療録に関連のあるもの（訪問診療時に歯科医師が記載している用紙など）があれば、必要に応じて準備。

　対象となる患者リストも別紙で通知されたとのことです。直前にファックスで送られるといった、一般の個別指導とは異なります。ただしこれは2015年の大阪市での指導体験であり、たとえば、京都市では「対象医療機関には実施日の3週間前までに日時、場所等を通知し、実施日の4日前までに対象患者を通知する」といった具合に、指導実施の主体が地方自治体である以上、地域ごとの格差が出てくることは否めないところです。
　指導の場所ですが、指導担当者が診療所に出向いてきます。この点も一般の個別指導とは異なります。誰が来るのかということは、別途通知で知らされます（**図表4－8**）。今回のケースでは、大阪市福祉局嘱託医が1名と、大阪市福祉局生活福祉部保護課から係長級が2名、非常勤職員2名の計5名による指導となります。

■図表４－８　個別指導の実施に関する通知

　指導当日ですが、院長室やスタッフルームは手狭なため、指導は待合室で行うようにしました。このあたりも、威圧感のある一般の個別指導と異なり、何よりも自分の診療所内で行われることや、配置等を比較的自由に設定できるため、本来の「懇談形式」に近い状態で指導が実施されました。
　初めに市の職員から、歯科医師数、歯科衛生士数、チェア台数、技工所等に関する一般的な質問がなされます。その間に嘱託医等が診療録を閲覧します。

　話が横道にそれますが、診療録の閲覧について、医師・歯科医師免許を持たないものが閲覧することは違法ではないのか？という件で、以前岡山県で裁判にまで発展したことがあります。
　裁判の中で、2013年9月11日に中国四国厚生局長が実施した歯科

医師に対する新規個別指導で、同局長は、(1) 健康保険法73条に基づく個別指導に検査権限はないこと、(2) 指導者にカルテの閲覧をさせることは、守秘義務および個人情報保護法に抵触するおそれがあることを認めています。そして、中国四国厚生局側の提案により、技官がカルテを見ることなく指導を行うという、本来あるべき個別指導が実施されたという経緯はあります。

しかしながらこの件について厚生労働省は、「行政手続法は一般法であり、特別法である健康保険法73条が優先する。これは2008年6月26日の広島高裁判決でも示されている」との見解を示しています。

つまり、個別指導におけるカルテ等の閲覧は健康保険法73条の権限を逸脱するものではなく、医師・歯科医師に課せられた守秘義務や個人情報保護法にも抵触するものではないという立場をとっていますので、現実的には診療録の閲覧等に関して、指導に当たる医師・歯科医師以外の担当者がチェックすることに対する異議は唱えないほうが賢明と考えられます。

話を元に戻して、指導内容についてですが、チェック項目自体は一般の個別指導と大差ないのですが、前述のとおり、診療録に記載された処置等を実際に行っているのか、診療録の内容とレントゲン写真の間に整合性はあるのかといったことに関して重点的に聞かれました。また、前述のとおり過去数年分の長期間にわたるレセプトを指導側は持っているため、その点においても注意が必要です。

たとえば、除去した補綴物を暫間被覆冠として使用した場合、レントゲン写真だけでは除去をしていないように見えてしまいます。その際には、診療録に「除去した全部鋳造冠を暫間被覆冠として仮着（ハイボンドテンポラリーセメント）」等の記載が必要です。また、補綴物維持管理料に関して、2年の期間でギリギリに除去しているケースが散在すると、これも作為的に再製作しているのではないかと捉えられる可能性があります。その場合も、レントゲン写真で装着時と再製

作時のコメントに、マージンの不適合や2次う蝕の発生に関するコメントが必要になります。

　個々の治療の内容に関しても、いわゆる「オーバートリートメント」に関する質問がされやすいのも、生保個別指導の特徴です。よく見られるのが歯周病治療です。歯周病治療には、歯肉剥離掻把術がありますが、指導側としては①本当に剥離掻把術をする根拠が満たされているのか、②そもそも本当に剥離掻把術を行ったのか（単なるルートプレーニングを手術として請求してはいないか）という点が疑問点になってきます。そのため、手術に必要となる要件を満たしていることを診療録に記載し、かつ、それが口腔内写真やレントゲン写真と整合性が取れており、手術部位に関する図説を診療録に記載し、消毒や抜糸の事実も記載するといったことが必要です。

　また、チェックされやすい診療内容としては、義歯の頻回にわたる裏装や新製も挙げられます。過去数年分のレセプトを指導側は持っているため、この点も「なぜ行ったのか」という説明について診療録への記載が必要です。

　幸い今回の個別指導では指摘されませんでしたが、一般の個別指導と共通する点にもなるのですが、医学管理のコメントが画一的すぎるという指摘も、受けやすい指摘のひとつです。

　あとは、薬剤の過剰投与とみなされる場合が挙げられます。生活保護の場合は、負担額がないため、ともすると患者側から抗生物質製剤や抗炎症薬（いわゆる痛み止め）の処方を希望してくることがあります。その際にも、「患者希望」は処方の根拠となるはずもなく、それぞれの薬剤を投与した医学的根拠を診療録に記載しておく必要があります。

　このことは、保険医療機関及び保険医療養担当規則第14条に「保険医は、診療にあたっては常に医学の立場を堅持して」とあることからも明らかです。

指導から2週間ほどして、指導結果（**図表4－9**）が通知されます。今回のケースでは「おおむね良好」ということで事なきを得ています。

■図表4－9　生保個別指導の結果報告書

大福祉第■■■号
平成■年■月■日

　開設者様

大阪市長　橋下　徹　

生活保護法指定医療機関個別指導の結果について

　生活保護法第50条第2項の規定に基づき、平成■年■月■日に貴医療機関に対して実施した指定医療機関個別指導の結果について次のとおり通知します。

記

　個別指導結果　・・・　　概ね良好　　※詳細については別紙1のとおり

その他特記事項
　・報告書の提出について
　　今回の個別指導の結果により、報告書を提出していただきたいので、別紙2のとおり作成し提出をお願いします。
　　なお、診療報酬の請求誤りと思われる事象については診療報酬支払基金に対して過誤調整（レセプトの取下げ・再請求）をお願いします。

　問合せ先
　大阪市福祉局生活福祉部保護課
　　（住所）大阪市北区中之島1－3－20
　　（電話）■■■■■■■
　　（担当者）■■■■■

■図表4－10　生保個別指導の結果報告書（別紙）

別紙1

生活保護法指定医療機関個別指導の結果について

○診療報酬の請求について

・カルテとレセプトの部位が異なるものがあり、請求誤りが見受けられたため、レセプトによる過誤調整（取下げ・再請求）を行うこと。
・義歯作製の期間で6か月経過していないものが一部見受けられたため、レセプトによる過誤調整（取下げ・再請求）を行うこと。

○診療録の記載について

・通院患者、訪問診療患者いずれも全般的に記載はしっかりなされていたが、診療の都度、入力・印字がなされていないケースが見受けられたため改善すること。
・技工指示書がないものや、材質の記載がないものが見受けられたため改善すること。

○診療内容について

初診時の歯式を間違ったのか、請求内容（部位）に誤りがあり、気付かないまま診療継続しているケースが見受けられた。誤りに気付きカルテを初診時から印字し直したため、レセプトの内容（部位）と異なっているため修正し、正しい診療内容を報告すること。

○医療要否意見書の記載について

画一的な記載ではなく、患者個々の状態や今後の見込み等詳細に記載されていた。

　指導結果とともに、個々の指導内容に対するコメントも同封されています（**図表4－10**）。口頭で伝えられた指導内容をまとめた記載となっています。

> ① 診療録とレセプトの部位の誤記載・請求誤りが指摘されました。
>   ⇒これは取り下げて返金しました。
> ② 後になって診療録に記載している部分はやはり指摘されました。
>   ⇒診療の都度入力・印字を徹底します。
> ③ 技工指示書の紛失や材質記載の漏れが指摘されました。
>   ⇒技工指示書の管理を徹底し、記載内容もチェックします。
> ④ 診療録とレセプトの整合性について指摘されました。
>   ⇒時系列に沿って説明をし直しました。

　上記の指摘を受けて、別紙2（**図表4－11**）にあるような報告書を作成して提出します。この中で、上記の④に関する時系列に沿った診療の流れを明記しました。

（3）今後、個別指導を受けないための対策、 個別指導の対象となってしまった場合を想定した対策

　今回の個別指導では「おおむね良好」の結果となっていますが、やはり個別指導に対する準備や労力は大変大きなものがあります。萎縮診療をする必要はありませんが、生活保護受給者は、得てして口腔内環境もあまりよくない場合が多く、必然的に治療内容に関しても高得点にならざるを得ないという現実も否定することはできません。

　しかしながら、「患者に対して良かれと思ってしていること」が、レセプト上「過剰診療」の誤解を招いてしまい、不必要な時間と労力の浪費になってしまうことは、不本意でもあり本末転倒にもなってしまいます。今後、レセプトの平均点数を出し、各都道府県の当該診療科における平均点数を確認し、その点数を意識した診療も現実的な対応としては必要ではないかと考えられます。もちろん、不当請求とならないためにも、画一的にならないようなカルテ記載や傾向診療の回避も考えることが重要です。

■図表4−11　個別指導内容に関する報告書

別紙2

生活保護法指定医療機関個別指導にかかる報告について

医療機関名　＿＿＿＿＿＿＿＿＿＿＿＿＿

管理者名　　＿＿＿＿＿＿＿＿＿＿㊞

〇診療内容について

　　　　　さんについて、初診時の歯式を間違ったのか、請求内容（部位）に誤りがあり、気付かないまま診療継続していたが、誤りに気付きカルテを初診時から印字し直したと思われる。そのためレセプト上では右下2と3の2歯ともに請求されており、カルテの記載と内容（部位）が異なっている。よって、　　　　　の正しい診療内容を時系列に報告すること。
　右下2に係るH26.7請求が誤りとするならば、誤って請求した原因の記載と、同時に作製されたPDのクラスプ部位はどこが正しいのか含め、報告をお願いします。

※なお、診療録は診療後速やかに記載するとともに、訂正する場合は、元の記載が分かるように二重線を引き、横に正しい記載と訂正理由、追記した年月日、記載者を明記するのが原則です。入力誤りがあったとしても、後日上書き入力する行為は改竄と取られかねないので厳に慎むこと。

診療内容（原因と改善策も合わせてご記載ください）

215

5 保険医取消・免許停止

(1) 保険医取消・免許停止の概要

　個別指導の結果、監査にまで進んでしまう場合があります。前章でも書かれていますが、監査後の行政上の措置としては、①取消処分、②戒告、③注意があります。①の取消処分の行政措置の要件は以下のとおりとなっています。

> ・故意に不正または不当な診療を行ったもの。
> ・故意に不正または不当な診療報酬の請求を行ったもの。
> ・重大な過失により、不正または不当な診療をしばしば行ったもの。
> ・重大な過失により、不正または不当な診療報酬の請求をしばしば行ったもの。

　ただ、本章❷の個別指導のところでも述べましたが、「重大な過失」「しばしば」といった判断基準は、担当する技官によって異なっています。

　さて、保険医が取り消されるほどの事案になると、次に医道審議会にかけられる可能性が出てきます。医道審議会での審議に関しては、平成24年3月4日改正の「医師及び歯科医師に対する行政処分の考え方について」(以下、「行政処分の考え方」)にその内容が書かれています(図表4－12)。

■図表4-12　医師及び歯科医師に対する行政処分の考え方について

平成14年12月13日
医道審議会医道分科会

平成24年3月　4日改正
平成27年9月30日改正

医師及び歯科医師に対する行政処分の考え方について

（はじめに）
　医療は、生命の尊重と個人の尊厳の保持を旨とし、医師、歯科医師その他の医療の担い手と医療を受ける者との信頼関係に基づいて行われるものであり、医師、歯科医師その他の医療の担い手は、医療を受ける者に対し良質かつ適切な医療を行うよう努めるべき責務がある。
　また、医師、歯科医師は、医療及び保健指導を掌ることによって、公衆衛生の向上及び増進に寄与し、もって国民の健康な生活を確保することを任務としている。

　医師法第7条第2項及び歯科医師法第7条第2項に規定する行政処分については、医師、歯科医師が相対的欠格事由に該当する場合又は医師、歯科医師としての品位を損するような行為があった場合に、医道の観点からその適性等を問い、厚生労働大臣はその免許を取り消し、又は期間を定めて業務の停止を命ずるものである。

　医師、歯科医師免許の取消又は業務の停止の決定については、基本的には、その事案の重大性、医師、歯科医師として求められる倫理上の観点や国民に与える影響等に応じて個別に判断されるべきものであり、かつ、公正に行われなければならない。
　また、より公正な規範を確立する要請に基づき、一定の考え方を基本としつつ処分内容を審議することが重要である。

　このため、今後、当分科会が行政処分に関する意見を決定するにあたっては、次の「行政処分の考え方」を参考としつつ、医師、歯科医師として求められる品位や適格性、事案の重大性、国民に与える影響等を勘案して審議していくこととする。

　この「行政処分の考え方」については、行政処分における処分内容が社会情勢・通念等により変化しうるべきものであると考えるため、必要に応じて、当分科会の議論を経ながら見直しを図っていくものとする。

　なお、行政処分は、医師、歯科医師の職業倫理、医の倫理、医道の昂揚の一翼を担うものでもあり、国民の健康な生活の確保を図っていくためにも厳正なる対処が必要と考えている。

　国民の医療に対する信頼確保に資するため、刑事事件とならなかった医療過誤についても、医療を提供する体制や行為時点における医療の水準などに照らして、明白な注意義務違反が認められる場合などについては、処分の対象として取り扱うものとし、具体的な運用方法やその改善方策について、今後早急に検討を加えることとする。

- 1 -

この中に明記されている、行政処分の基本的考え方は以下のとおりです。

> 　医師、歯科医師の行政処分は、公正、公平に行われなければならないことから、処分対象となるに至った行為の事実、経緯、過ちの軽重等を正確に判断する必要がある。そのため、処分内容の決定にあたっては、司法における刑事処分の量刑や刑の執行が猶予されたか否かといった判決内容を参考にすることを基本とし、その上で、医師、歯科医師に求められる倫理に反する行為と判断される場合は、これを考慮して厳しく判断することとする。
> 　医師、歯科医師に求められる職業倫理に反する行為については、基本的には、以下のように考える。
> ① まず、医療提供上中心的な立場を担うべきことを期待される医師、歯科医師が、その業務を行うに当たって当然に負うべき義務を果たしていないことに起因する行為については、国民の医療に対する信用を失墜するものであり、厳正な対処が求められる。その義務には、応招義務や診療録に真実を記載する義務など、医師、歯科医師の職業倫理として遵守することが当然に求められている義務を含む。
> ② 次に、医師や歯科医師が、医療を提供する機会を利用したり、医師、歯科医師としての身分を利用して行った行為についても、同様の考え方から処分の対象となる。
> ③ また、医師、歯科医師は、患者の生命・身体を直接預かる資格であることから、業務以外の場面においても、他人の生命・身体を軽んずる行為をした場合には、厳正な処分の対象となる。
> ④ さらに、我が国において医業、歯科医業が非営利の事業と位置付けられていることにかんがみ、医業、歯科医業を行うに当たり自己の利潤を不正に追求する行為をなした場合については、厳正な処分の対象となるものである。また、医師、歯科医師の免許は、非営利原則に基づいて提供されるべき医療を担い得る者として与

> えられるものであることから、経済的利益を求めて不正行為が行われたときには、業務との直接の関係を有しない場合であっても、当然に処分の対象となるものである。

　この行政処分の考え方からもわかりますが、医道審議会における審査対象となってしまうのは、基本的に「刑事手続で処罰された」という事例であることがわかります。

　本書は、個別指導・監査の対策本ですので、その関連でいえば、たとえば指導の席上で「先生がレントゲンのスイッチを押しているの？誰かに押させているんじゃないの？」というような質問にうかつに答えてしまうと、別件で追及される可能性があります。またそれをネタに脅される可能性があります。すなわち、診療をめぐって看護師や歯科衛生士にレントゲンのスイッチを押させてしまうと、これは押させた医師に対しても医師法違反や診療放射線技師法違反が問われることになります。また、看護師でない者に看護師の業務をさせた場合は、当該医師も看護師法違反に問われることになります。
　みだりに医薬品や注射器を販売した場合、たとえ医師であろうと、「医薬品、医療機器等の品質、有効性及び安全性の確保等に関する法律（旧薬事法、現在は通称で薬機法）」に対する違反に問われます。適正な診療に基づく「処方」と、単なる「販売」は大きく意味が異なります。

　どのような事案で刑事事件となり、医道審議会で処分されたかについては、**図表４－13－１**および**図表４－13－２**に示してありますのでご参照ください。平成13年5月開催分から、平成30年9月開催分までの17年間のデータです。

■図表4-13-1　医道審議会における審査対象となった事案

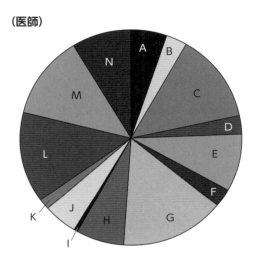

(医師)

A 詐欺
B 脱税
C 不正請求
D 医師法違反等
E 業務上過失致死
F 業務上過失傷害
G わいせつ
H 薬物
I 殺人・未遂
J 暴力脅迫傷害
K 窃盗
L 道路交通法違反
M その他
N 精神保健指定医不正

■図表4-13-2　医道審議会における審査対象となった事案

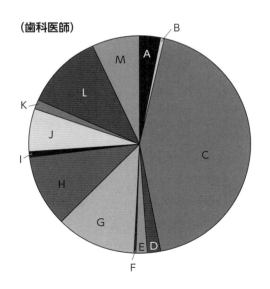

(歯科医師)

A 詐欺
B 脱税
C 不正請求
D 歯科医師法違反等
E 業務上過失致死
F 業務上過失傷害
G わいせつ
H 薬物
I 殺人・未遂
J 暴力脅迫傷害
K 窃盗
L 道路交通法違反
M その他

この行政処分の考え方の中には、「事案別考え方」として、事案ごとに「どのような処分が相当か」ということが書かれています。その中で、**図表４−14**に「診療報酬の不正請求等」に該当する部分を示しています。

■図表４−14　「事案別考え方」より、診療報酬の不正請求等に対する行政処分の考え方

11）税法違反（所得税法違反、法人税法違反、相続税法違反等）
　　脱税は、医師、歯科医師としての業務に直接関わる事犯ではないが、医師、歯科医師としての品位を損ない、信頼感を喪失せしめることから、行政処分に付することとし、行政処分の程度は、基本的には、司法処分の量刑などを参考に決定する。
　　また、医療は、非営利原則に基づいて提供されるべきものであることから、医業、歯科医業に係る脱税は、一般的な倫理はもとより、医師、歯科医師としての職業倫理を欠くものと認められる。このため、診療収入に係る脱税など医業、歯科医業に係る事案は、重めの処分とする。

12）診療報酬の不正請求等（診療報酬不正請求、検査拒否（保険医等登録取消））
　　診療報酬制度は、医療の提供の対価として受ける報酬であり、我が国の医療保険制度において重要な位置を占めており、これを適正に受領することは、医師、歯科医師に求められる職業倫理においても遵守しなければならない基本的なものである。
　　診療報酬不正請求は、非営利原則に基づいて提供されるべき医療について、医師、歯科医師としての地位を利用し社会保険制度を欺いて私腹を肥やす行為であることから、診療報酬の不正請求等により保険医等の登録の取消処分を受けた医師、歯科医師については、当該健康保険法に基づく行政処分とは別に医師法又は歯科医師法による行政処分を行うこととする。
　　当該不正行為は、医師、歯科医師に求められる職業倫理の基本を軽視し、国民の信頼を裏切り、国民の財産を不当に取得しようというものであり、我が国の国民皆保険制度の根本に抵触する重大な不正行為である。したがって、その行政処分の程度は、診療報酬の不正請求により保険医の取消を受けた事案については、当該不正請求を行ったという事実に着目し、不正の額の多寡に関わらず、一定の処分とする。ただし、特に悪質性の高い事案の場合には、それを考慮した処分の程度とする。
　　また、健康保険法等の検査を拒否して保険医の取消を受けた事案については、検査拒否という行為が、社会保険制度の下に医療を行う医師、歯科医師に求められる職業倫理から到底許されるべきでないことから、より重い処分を行うこととする。

診療報酬不正請求には、前述の**図表４－14**のような考え方が書かれていますが、この内容には、下記の傾向が示されています。

> ＊不正請求（不正の額の多寡にかかわらず）
> 　⇒一定の処分
> ＊特に悪質性の高い事案の場合
> 　⇒それを考慮した処分の程度
> ＊健康保険法等の検査を拒否して保険医の取消しを受けた場合
> 　⇒より重い処分

処分については、「一定の処分」であるとか「重い処分」であるとかいう言い回しになっており、具体的には記されてはいません。そこで、前述の**図表４－13**（医道審議会における審査対象となった医師・歯科医師別事案）を作成するにあたり、平成13年から平成30年までの17年間分を（医道審議会は、原則として毎年春と秋に開催されています）解析した結果、ある程度の目安が判明しました。ここでは、「免許」とは、実質的には「医業もしくは歯科医業」と解釈してください。

> ＊一定の処分：厳重注意・戒告・１か月〜６か月程度の免許停止
> ＊それを考慮した処分の程度・重めの処分：３か月〜２年程度の免許停止
> ＊重い処分・より重い処分：１年〜３年程度の免許停止もしくは免許取消

つまり、不正請求に関しては、最悪の場合、保険医取消だけでなく、数か月間の免許の停止が課される可能性があるということです。また、刑事事件化された場合、単なる不正請求だけでなく、詐欺罪や税法違反の罪状までついてしまうことがあります。すると、年単位の免許停止の可能性もあり、かなり厳しい処分を覚悟する必要があります。

蛇足ですが、医師と歯科医師の犯罪構造といいますか、処分理由には大きな違いがあり、医師はわいせつを筆頭にさまざまな犯罪の形態が見られますが、歯科医師の場合は半数近くが不正請求になっているところも、保険点数制度のゆがみを反映している可能性も否定できないと考えられます。

（2）保険医取消・免許停止の体験談（医科歯科共通）

　ここでは、不正請求ではありませんが、別件で刑事事件化されて医道審議会にかけられてしまったドクターに話を聞くことができましたので、ご紹介させていただきます。添付する資料も、そのドクターからご提供いただいたものになります。免許停止処分を受けてしまったドクターからの直接の聞き取り・資料提供による、このようなレポートは非常に貴重なものではないでしょうか。

　不正請求であろうとその他の刑事事件であろうと、医道審議会をめぐる手続きや対処は同じになります。

　さて、不正請求も含めて、事案が刑事事件化されて、起訴・裁判となり、有罪判決が下されたのち、1年から1年半ほどしますと、医道審議会にかけられることが決定します。検察庁から厚生労働省にすべての事案が報告されますので、逃れることはできません。まず、都道府県から事案報告書の提出が求められます。そののち、「弁明の聴取」もしくは「意見の聴取」に関する通知が来ます（**図表4-15**）。

■図表4－15　意見の聴取通知書

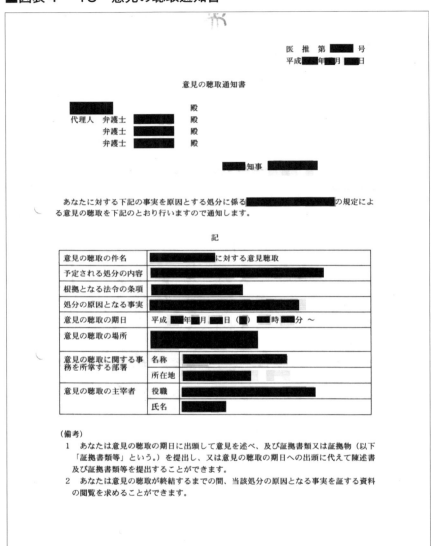

　その際に、予定される処分の内容も通知されます。基本的には、次のように通知のタイトルですぐにわかります。

> ＊「**意見の聴取**」…免許取消処分または医業停止・歯科医業停止処分が想定される事案
> ＊「**弁明の聴取**」…医業停止・歯科医業停止処分または戒告が想定される事案

　ドクター側の意見・弁明は、医道審議会の席上で直接述べるのではなく、この意見の聴取・弁明の聴取の機会こそが、唯一かつ最後の主張の場になります。このドクターの場合は、在住する都道府県庁の担当部署に出向くことになりました。意見の聴取会場と日時が指定されているからです。この辺りは保険の個別指導と同じです。このドクターのケースでは意見・弁明の聴取の時間（すなわち持ち時間）は特に指定されていませんでした。すなわち、言いたいことを言いたいだけ述べるという感じです。

　この意見・弁明の聴取ですが、ドクター単独で対応することも可能ですが、弁護士の帯同も事前に許可を得ておけば許されており（身内や事務長の帯同は難しいとのことでした）、また、個別指導と違って弁護士もドクターの法定代理人として、さまざまな意見を自由に述べることができます。こうしてみますと、個別指導の現場というのは極めて封建的かつ法治国家においては例外的な状況であることがわかります。

　意見の聴取、弁明の聴取が終わると、あとは医道審議会の結果を待つこととなります。医道審議会は、前述のように年に2回ほど開催されます。時間は、審査対象の数にもよりますが、短いときで4時間から5時間、長いときで8時間ほどになります。しかし、限られた時間の中で、多い時には50件を超す事案を審議しますので、1件の審議にかけられる時間は、平均的には数分間、長くても10分程度になってしまうものと考えられます。

　医道審議会が終了し、免許停止処分となった場合、厚生労働大臣から、医業・歯科医業停止の「命令書」（**図表4－16**）が発行され、

配達証明郵便で本人の住所に発送されます。

■図表4－16　免許停止の命令書

命令書が発行されると、そこに記されている期間は、保険診療どころか、医業・歯科医療そのものが禁止されます。医科であれば看護師業務、歯科であれば歯科衛生士や歯科技工士業務も行うことはできませんので、停止期間中にできる診療所関係の仕事は、事務的な業務の

みになってしまいます。

　さらに、免許停止期間に入ってすぐに、厚生労働大臣から「再教育研修命令書」が郵送されます（**図表４－17**）。この中に指定されている団体研修は、国立保健医療科学院（埼玉県和光市）において、２日間にわたって実施されます。実施時期は、行政処分の発効後、間近い時期の土日とされることが通常です。併せて個別研修に関する案内も届きます（**図表４－18**）。

■図表４－17　再教育研修命令書

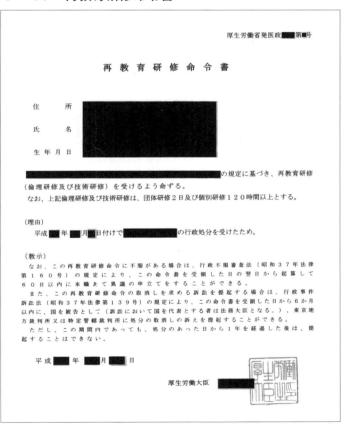

■図表4－18　団体研修および個別研修の案内

厚生労働省

行政処分を受けることが見込まれる医師・歯科医師の方々へのお知らせ

戒告又は業務停止（以下、「業務停止」とは、医業停止と歯科医業停止をいう。）の行政処分を受けた医師・歯科医師は、原則として再教育研修の受講が義務付けられております（資料1）。
平成27年10月上旬に開催を予定しております医道審議会医道分科会において、戒告又は業務停止の行政処分が決定された場合については、再教育研修を受講していただくこととなりますので、予めご承知おきください。

1. 再教育研修の目的と内容（資料2、3）
この研修は、各々の診療において、より安心・安全な医療を国民に提供できるよう支援するための研修であり、診療に必要なことを学ぶとともに、さらに自己研鑽を重ねるきっかけとして受けていただきます。

再教育研修は、下記のとおり、行政処分の内容に応じたものとなっています。
① 戒告　　　　　　　　→　団体研修1日
② 業務停止6月未満　　　→　団体研修2日＋課題学習（課題研究及び課題論文1本）
③ 業務停止6月～1年未満→　団体研修2日＋課題学習（課題研究及び課題論文2本）
④ 業務停止1年～2年未満→　団体研修2日＋個別研修80時間以上
⑤ 業務停止2年以上　　　→　団体研修2日＋個別研修120時間以上
団体研修の内容は、すべての医師・歯科医師が診療において必要とする知識・技術という観点から、次の6項目を基本としています。
「医師・歯科医師に対する継続的医学教育のための資料集」
https://www.niph.go.jp/entrance/saikyouiku.htm
第1章　医療関連の法令遵守及び職業倫理
第2章　医療事故の予防に関する取り組み
第3章　患者の視点に立ったインフォームド・コンセント
第4章　医療事故後の対応（協調的解決をめざして）
第5章　安全管理のための方策
第6章　患者の視点に立ったコミュニケーション

　団体研修の1日目は再教育研修対象者全員を対象として、2日目は業務停止処分以上の者を対象として実施されます。つまり、戒告処分を受けた場合、戒告の文書が届くだけではなく、この1日目の研修に参加しなくてはならないことになります。ただし、戒告処分の場合は、

研修修了と同時に医籍・歯科医籍への登録申請書をその場で出して帰ることができます。

 1日目は、医師・歯科医師の資格を持つ講義担当者や弁護士等から、医療倫理や法令などに関する講義を受講します。通常の研修会と違い、運転免許証等の身分証明を受付で提示して本人確認され、入場します。席は指定席となっており、途中外出は昼食休憩中でさえも認められません。参加者の姿も、大多数が普段着ではなくダーク系のスーツなどの姿が目立ちます。さすがに講義中に居眠りするような姿は見られず、もちろん業者プレゼンなどというブレイクがあるはずもなく、終始緊張した雰囲気の中での研修になります。

 2日目は、グループワークで、5名～6名くらいのグループになり、課題に即したワーク（KJ法）を行います。このドクターが出席した時は、義歯を誤嚥させてしまった医療事故に対する善後策に関しての討論だったそうです。研修の特殊性もあり、すべて匿名で行われます。もちろん自己紹介は名前を伏せており、罪状などを話したり明かされたりすることはありませんし、医師なのか歯科医師なのかもお互いにはわかりません。団体研修の2日目最後には、課題学習と個別研修の詳細についての説明がなされます。

 なお、この再教育研修を受けない場合には、**図表4－19**に示すような非常に大きなペナルティがついてきます。ちなみにこの研修の受講料は、2日間受講の場合は44,800円ですが、遠方のドクターの場合は、交通費や宿泊費も併せると10万円近い出費となるため、失職している身には結構つらい出費となります。

■図表4-19　再教育研修後の手続きをしない場合の
　　　　　　ペナルティについて

> 　再教育研修の修了後、その旨を医籍又は歯科医籍に登録するための手続きが必要となりますので、申請書を厚生労働省に提出してください。また、
> 　ア）再教育研修を修了していない場合には、
> 　　　①厚生労働省ホームページの医師等資格確認検索で、行政処分期間が終了しても、行政処分に関する事項の表示が消えないこととなります。
> 　イ）再教育研修を修了した旨が医籍又は歯科医籍に登録されない場合には、
> 　　　②診療所の開設に許可を要する、
> 　　　③病院・診療所の管理者になれないこととなります。
> 　ウ）再教育研修を受けなかった場合には、ア）、イ）に加え、
> 　　　④50万円以下の罰金刑の対象となります。

　団体研修（1日）の再教育研修（戒告処分）を受けた医師・歯科医師は、国立保健医療科学院で行う団体研修（1日）修了後、医籍・歯科医籍への登録申請書を提出していただきますので、3,100円分の収入印紙及び医師・歯科医師免許証の写しを持参してください。

　2日間にわたる団体研修が済むと、次に、免許の停止期間中にしなければならないことがあります。

① 課題学習（停止1年未満の場合）
　課題学習は、団体研修で学んだ科目のうちから選んだテーマの研究（課題研究）を行い、その研究の成果物としての論文（課題論文）を処分の内容に応じて1本もしくは2本作成します。課題論文のうち最低1本は、自身の処分事由に対応したものでなければならないとされています（**図表4-18**を参照）。
　課題論文は、自身の再教育研修を担当する地方厚生局健康福祉部医事課に提出します。

② 個別研修（停止1年以上の場合）

個別研修は、各自の診療内容やチーム医療における立場、地域において担う役割等に照らして必要な研修を、助言指導者を個別に選任して行います。

助言指導者は個別研修の対象となった各ドクターが依頼することになりますが、

> ①医師免許または歯科医師免許取得後7年以上経過している者であること。
> ②次のいずれかに該当する者であること。
> 　ア　大学病院または臨床研修病院等において、医師または歯科医師の指導に継続的に従事した経験を有する者
> 　イ　大学の医学部または歯学部において、学生の指導に継続的に従事した経験を有する者
> 　ウ　上記アまたはイに掲げる者と同等以上の知識・技術を有する者

という条件があります。たとえば、出身大学の教授・助教授、所属病院の院長・部長、大学病院や臨床研修病院等の臨床研修指導医または臨床研修指導歯科医などが挙げられます。

課題学習あるいは個別研修が終わり、修了証の申請・交付がなされたのちに、厚生労働省に対して再教育研修修了登録証を申請し、再教育研修修了登録証が交付されると、医籍・歯科医籍に登録がなされ、晴れて医療行為ができるようになります。ただし、命令書に書かれている日付までは停止期間ですので、いくら早く個別研修が修了したからといっても、停止期間が短縮されるわけではありません。

また、医業・歯科医業が再開できるようになっても、保険医の登録が取り消されている場合がありますので、下記の法律の規定に拘束されることになります。

①**健康保険法　第81条**

(保険医又は保険薬剤師の登録の取消し)

第81条　厚生労働大臣は、次の各号のいずれかに該当する場合においては、当該保険医又は保険薬剤師に係る第64条の登録を取り消すことができる。

　五　保険医又は保険薬剤師が、禁錮以上の刑に処せられ、その執行を終わり、又は執行を受けることがなくなるまでの者に該当するに至ったとき。

⇒このことから、たとえ免許の停止がなくなったとしても、たとえば執行猶予がついている場合、執行猶予が終了するまでは保険医の登録申請が通らない場合があります。

また、

②**健康保険法　第71条**

(保険医又は保険薬剤師の登録)

第71条　第64条の登録(保険医登録等)は、医師若しくは歯科医師又は薬剤師の申請により行う。

2　厚生労働大臣は、前項の申請があった場合において、次の各号のいずれかに該当するときは、第64条の登録をしないことができる。

　一　申請者が、この法律の規定により保険医又は保険薬剤師に係る第64条の登録を取り消され、その取消しの日から5年を経過しない者であるとき。

⇒このことから、たとえ免許の停止期間が過ぎており、執行猶予期間も終了していたとしても、保険医取消の日から5年が経過していなければ、保険医の登録申請が通らない場合があります。つまり、免許は帰ってきたけれども、保険診療はできないということになります。

また、補足的ではありますが、医師会・歯科医師会等の会員の場合は、当該組織等からの懲戒処分が発生する可能性もありますので、各医師会・歯科医師会等の規約をよく確認しておいてください。

（3）今後、保険医登録の取消しや医道審議会にかけられて医業・歯科医業停止を受けないための対策、取消処分や医道審議会の審査の対象となってしまった場合を想定した対策

　まず、保険医登録の取消しにならないためには、監査になる手前で止めることが大切です。第4章❶の新規個別指導でも書きましたが、新規個別指導から監査に移行し、保険医登録等の取消しに至った事例が、2010年以降6例あることも事実です。

　監査の手前で止めるということは、個別指導の際に「再指導を繰り返さない」ということです。さらにさかのぼれば、個別指導の回避です。本章でも触れているとおり、支払基金からのレセプト返戻時の付箋は、いわばそのドクターのクリニックの保険制度上におけるウィークポイントの指摘でもあるわけですから、絶対に無視しないということです。

　刑事事件化されてしまった場合には、何としてでも起訴を回避することが大事です。起訴猶予・不起訴は、これは裁判にもならないわけですから、事実上の無罪です。となれば、医道審議会にかけられる可能性は極めて低くなるわけです。起訴の回避は、とにかく初動が大切で、この分野に強い弁護士に相談するなどして、一刻も早く検察側と交渉してもらうようにするのが得策と考えられます。

　不幸にして起訴されてしまいますと、我が国における刑事事件の有罪率は99.9％ともいわれており、無罪となる可能性は極めて低いのが現状です。有罪判決となれば、必ず医道審議会の審査対象となります。

　対策としては、医道審議会の第一段階である、各都道府県への事案報告書の提出の段階から、個人で対応するよりも当該分野に強い弁護

士と相談して事務処理を進めるほうが無難です。その後、意見の聴取もしくは弁明の聴取の機会が与えられます。くどいようですが、行政処分の対象となってしまったドクターが、医道審議会に対して「自身にとって有利な事情」を伝える場は、この「意見の聴取もしくは弁明の聴取の機会が唯一かつ最後」となります。

　というのも、医道審議会にかけられる最初の段階となる「事案報告」の際に、厚生労働省の知る内容は、判決書や起訴状であり、これは、事案の一面を捜査側からとらえた内容となってしまっています（残念ながら裁判官の書く判決書も、とても公正とはいいがたい場合があり、検察官の論告と似通った内容となっていることが多いのが現実です）。その多くは医師・歯科医師にとって不利な面ばかりで構成されてしまっています。

　このような、ドクターにとって不利な内容の資料だけに基づいて、画一的な判断により、「必要以上に重い処分を受けることを防ぐ」ことが重要です。またその際には、過去の刑事事件における量刑と、医道審議会で出された処分内容を精査し、ドクターの当該事案において、医道審議会の処分の前例との齟齬がないように求めるような内容の意見の陳述、意見・弁明書の提出が必要になります。やってしまいがちなのが、判決内容に対する不服を述べてしまったり事件そのものに対する弁明に終止してしまったりすることです。これは、医道審議会に提出する内容としては、全く的外れなものであり、注意したいところです。この辺りは専門の弁護士でないと対処しきれないところもありますので、あらかじめそうした弁護士に相談しておくことが必要です。

　病気の治療も個別指導も、あとになればなるほどそのフォローには時間も労力も費用もかかります。大切なことは、早期発見と早期治療（対策）、そして予防（日頃の心がけ）であることは、医療も個別指導対策も変わりません。

6　指摘事項のチェックリスト

　本章では**1**（新規個別指導の事例）、**2**（個別指導から監査となり保険医取消処分となってしまった事例）、**3**（処分の取消しを裁判で勝ち取った事例）、**4**（生活保護の個別指導の事例）、**5**（保険医取消と免許停止処分の事例）の各項において、ドクターの体験談とそれに関する筆者のコメントを述べました。

　本書は実務書（マニュアル本）であることから、最後に「個別指導において過去に指導技官や事務官から指摘されてきた事項」についてのチェックリストを掲載しました。もちろんこの中には、本章でインタビューに回答いただいたドクターが指摘された事項のみならず、医師・歯科医師仲間で話題に上った指摘事項がかなり多く含まれています。

　本書のチェックリストは、厚生労働省が開示している「保険診療確認事項リスト（医科）」および「保険診療確認事項リスト（歯科）」をベースに、ドクターが1問1答式としてセルフチェックしやすいように筆者が言い回しを口頭試問形式に編集したものです。

　チェックリストを順次ご覧になっていただけるとわかるかと思いますが、個別指導は「ドクターの医学的知識」を訊くものではありませんし、「診療技術」を評価するものでもありません。ましてや「診療に対する熱意」や「患者さんへの誠意」が問われる場所でもありません。ただ一つ、「保険診療の制度に関する知識」を問われる口頭試問です。「懇談形式」「懇切丁寧」と指導大綱に書かれながらも、実際のところは「恫喝」を伴うことすらある「厳しい口頭試問」になっていることが現状です。

「保険診療制度に関する知識」を問われているのに、医学的知識で答えてしまっては回答になりませんし、間違っても「患者さんのために行いました」などと言ってしまうと、それは「誠意」ではなく、指導技官や指導事務官にとっては「確信犯である証拠」という心証しか残しません。

また、雑談の中にも落とし穴があります。「クリニック経営って厳しいですよね」といった問いかけにうかつに答えてしまうと、それが不正（不当）請求をする根拠と解されてしまうリスクがあります。あくまでも雑談に対しては一般論で応えるのがコツです。

個別指導を受ける・受けないにかかわらず、一度このチェックリストを用いて先生方の診療録やレセプト等を点検してみてはいかがでしょうか。説明が必要な問い（たとえば算定要件など）に対する模範解答は、いわゆる青本（医科点数表の解釈もしくは歯科点数表の解釈）に記載されています。チェックリストの項目を一通りご覧いただくことによって、「何を問われるのか？」ということがわかると思います。何が出るのかわからない試験を受けるのではなく、あらかじめ出題される問題を知っておくこと、これだけでも心の準備ができると思います。

最後にくどいようですがもう一度言わせてください。個別指導は、ドクターの保険診療制度に関する知識を問われる口頭試問であるということを忘れないでください。

チェックリスト

Ⅰ. 診療に係る事項

1. 診療録等

☐診療録への必要事項の記載について、外来患者の診療録について、医師の診察に関する記載がなく薬のみ（medication）という旨の記載や「do」等の記載のみになってはいないか。

☐診療録について、医師による日々の診療内容の記載が、遅滞なく必要十分になされているか。

☐診療録（様式第一号）(1) の1および診療報酬明細書に記載している傷病名について、その傷病を診断した経緯または根拠を診療録に記載しているか。

☐紙媒体の記録について、複数の保険医が一人の患者の診療に当たっている場合において、署名または記名押印を診療の都度行い、診療の責任の所在を明らかにしているか。

☐記載内容が判読できないようなことはないか。

☐鉛筆で記載してはいないか。

☐修正液、塗りつぶし、貼紙により訂正してはいないか。

☐欄外、行間を空けて記載してはいないか。

☐電子的に保存している記録について、最新の「医療情報システムの安全管理に関するガイドライン第4.2版」に準拠しているか。

☐パスワードの有効期間を適切に設定しているか。

☐パスワードは定期的（概ね2か月以内）に変更しているか。

☐パスワードは英数字、記号を混在させた8文字以上の文字列が望ましいのでそのようになっているか。

☐修正履歴が表示されるようにしているか。

☐旧システムの記録について端末から参照できるようにしているか。

☐異動・退職した職員のIDの管理が適切に行われているか。

□運用管理規程が整備されているか。
□運用管理規程に定めているシステムの監査が実施されているか。
□医療機関として紙媒体を原本としている場合には記録類は紙で、電子媒体を原本として定めている場合には記録類を電子媒体で保存しているか。

□診療録について、保険診療の診療録と保険外診療（自由診療）の診療録とを区別して管理しているか。
□医師が自分自身の診療録に自ら記載（自己診療）しているようなことはないか（医師であっても必ず、別の医師の診療に基づいて検査・投薬・注射等を受けること）。

2. 傷病名

□傷病名の記載または入力について、診療録に傷病名を適切に記載しているか。
□診療報酬明細書に記載している傷病名の一部について、診療録に記載していないようなことはないか。
□医事会計用伝票のみに傷病名を記載しているようなことはないか。
□請求事務担当者が医事会計システムから傷病名や転帰を記載あるいは入力しているようなことはないか（傷病名は、必ず医師が記載あるいは病名オーダー画面から入力すること）。
□傷病名を診療録の傷病名欄から削除しているようなことはないか（当該傷病に対する診療が終了した場合には、傷病名を削除するのではなく、転帰を記載すること）。
□傷病名の開始日、終了日の記載がなされているか。
□実際の診療開始日と診療報酬明細書上の診療開始日が異なるようなことはないか。
□同一の傷病名であるものについて、月によって診療報酬明細書上の診療開始日が異なってはいないか。

□傷病名の内容について、医学的な診断根拠がある傷病名となっているか。

□実際には「疑い」の傷病名であるものにもかかわらず、確定傷病名として記載しているものはないか。
□傷病名に詳細な記載（急性・慢性、左右の別、部位）があるか
□単なる状態や傷病名ではない事項を傷病名欄に記載してはいないか（傷病名以外で診療報酬明細書に記載する必要のある事項については、摘要欄に記載するか、別に症状詳記を作成すること）。

□検査、投薬等の査定を防ぐ目的で付けられた医学的な診断根拠のない傷病名（いわゆるレセプト病名）が記載されていないか。
□診療報酬明細書の請求内容を説明する上で傷病名のみでは不十分と考えられる場合には、別に症状詳記（病状説明）を作成し、診療報酬明細書に添付しているか。

□傷病名数が非常に多数となってはいないか。
□長期にわたる「疑い」の傷病名のままになってはいないか。
□長期にわたる急性疾患等の傷病名のままになってはいないか。

3. 基本診療料等
□初・再診料について、外来管理加算で、患者からの聴取事項や診察所見の要点の記載が十分になされているか。

□入院料について、入院診療計画を策定しているか。
□入院後7日以内に説明を行っているか。
□説明に用いた文書を患者に交付しているか。
□説明に用いた文書の写しを診療録に貼付しているか。
□説明に用いた文書について、写しを患者に交付し原本を診療録に貼付しているようなことはないか。
□説明に用いた文書について、参考様式で示している以下の項目についての記載があるか。
　・年月日

・主治医氏名
・病棟（病室）
・主治医以外の担当者名
・病名
・症状
・治療計画
・検査内容および日程
・手術内容および日程
・推定される入院期間
・特別な栄養管理の必要性
・その他（看護計画、リハビリテーション等の計画）

□説明に用いた文書について、記載内容が十分であるか。
□特別な栄養管理の必要性があるにもかかわらず、なしとなってはいないか。
□特別な栄養管理の必要性がないにもかかわらず、ありとなってはいないか。
□その他（看護計画、リハビリテーション等の計画）の記載内容が画一的になってはいないか。
□平易な用語を用いて、患者にとってわかりやすいものとなっているか。
□主治医氏名について、記名のみではなく押印もあるか。
□医師や看護師のみではなく、関係職種が共同して計画を策定しているか。
□本人・家族の署名があるか。

□院内感染防止対策として、各病室に水道または消毒液を設置しているか。
□各病室の入口に消毒液を設置しているものの、中身が空である、あるいは使用していないなどと言うことになってはいないか。
□職員に院内感染防止対策の趣旨を理解させ、病室に入る際の手指消毒を徹底しているか。
□院内感染防止対策委員会の構成が適切であるか。
□院内感染防止対策委員会を月1回程度、定期的に開催しているか。
□院内感染防止対策委員会の一部の委員の出席率が低いというようなことはないか。

- □検査部の感染情報レポートの作成が週1回程度なされているか。
- □感染情報レポートについて、耐性菌のみでなく各種細菌の検出状況等を含めて作成されているか。

- □医療安全管理体制として、安全管理の責任者等で構成される委員会を月1回程度開催しているか。
- □委員会の一部の委員の出席率が低いというようなことはないか。
- □職員研修を年2回程度実施しているか。
- □医療事故等の報告制度について、職員あるいは医師が適切に報告しているか。

- □褥瘡対策として、日常生活の自立度が低い入院患者について、参考様式で示している危険因子の評価を実施しているか。
- □褥瘡に関する危険因子のある患者および既に褥瘡を有する患者について、褥瘡に関する診療計画を作成しているか。
- □診療計画の様式について、参考様式で示している項目を網羅しているか。
- □届出された専任の医師あるいは看護職員が、褥瘡対策に関する診療計画を作成し、褥瘡対策を実施し、褥瘡対策の評価を行っているか。
- □届出された専任の医師もしくは看護職員以外の医師もしくは看護職員が、褥瘡対策に関する診療計画を作成したり、褥瘡対策の評価を行ったりしてはいないか（※褥瘡対策の実施は、当該届出た専任の医師・看護職員以外の医師・看護職員でも可）。

- □栄養管理体制として、特別な栄養管理の必要があるにもかかわらず、栄養管理計画を作成していないようなことはないか。
- □栄養管理計画書の写しを診療録に貼付しているか。
- □栄養管理計画書に必要事項の記載があるか。
- □栄養管理計画を作成した患者について、栄養状態管理を定期的に行っているか。
- □栄養管理計画を作成した患者について、栄養状態を定期的に記録しているか。

- □栄養管理計画を作成した患者について、栄養状態を定期的に評価しているか。
- □栄養管理計画を作成した患者について、必要に応じた計画の見直しを行っているか。
- □多職種の医療従事者が共同して栄養管理を行う体制を整備しているか。

- □療養病棟入院基本料について、定期的（少なくとも月に１回）な患者の状態の評価および入院療養の計画の見直しを行い、要点を診療録に記載しているか。
- □入院時と退院時のADLの程度を診療録に記載しているか。
- □医療区分・ADL区分に係る評価表またはその写しを交付し、診療録に貼付しているか。

- □臨床研修病院入院診療加算について、研修医の診療録の記載に係る指導医の指導・確認が速やかに行われているか。
- □救急医療管理加算（１・２）・乳幼児救急医療管理加算について、加算対象の状態ではない患者に対して算定してはいないか。
- □重症者等療養環境特別加算について、加算対象の状態ではない患者に対して算定してはいないか。
- □緩和ケア診療加算について、緩和ケア診療実施計画書について作成し、患者に交付しているか。
- □緩和ケア診療実施計画書の様式に、参考様式で示している項目が記載されているか。

- □栄養サポートチーム加算について、栄養状態の改善に係るカンファレンスおよび回診が週１回程度開催されているか。
- □チーム構成員の一部が栄養管理に係る研修を修了していないようなことはないか。
- □回診に当りチーム構成員の一部が参加していないようなことはないか。
- □加算対象の状態ではない患者に対して算定してはいないか。
- □栄養治療実施計画書ならびに報告書を作成しているか。

☐診療を担当する保険医、看護師等と共同で作成しているか。
☐栄養治療実施計画書や報告書を、当該患者に説明、交付し、その写しを診療録に貼付しているか。
☐退院・転院時の診療情報提供書に、栄養治療実施報告書を添付しているか。
☐感染防止対策加算（1・2）について、特定抗菌薬の使用に際して、適切に届出しているか。

☐褥瘡ハイリスク患者ケア加算について、加算対象の状態ではない患者に対して算定してはいないか。
☐専従の褥瘡管理者以外の者が実施したものについて算定してはいないか。
☐褥瘡リスクアセスメント票・褥瘡予防治療計画書を作成しているか。
☐退院調整加算について、退院支援計画書を作成しているか
☐退院支援計画書の写しを診療録に貼付しているか。
☐退院先について、診療録に記載しているか。

☐呼吸ケアチーム加算について、人工呼吸離脱のために必要な診療とは言えないものについて算定してはいないか。
☐診療計画書が作成されているか。

☐退院支援加算（1・2・3）について、退院支援計画書を作成しているか。
☐退院支援計画書の写しを診療録に貼付しているか。
☐退院先について、診療録に記載しているか。

☐回復期リハビリテーション病棟入院料について、入院時等に日常生活機能評価の測定を行い、その結果について診療録に記載しているか。

☐地域包括ケア病棟入院料（1・2・3・4）について、入室から7日以内に診療計画書あるいは在宅復帰支援計画を作成しているか。

4. 医学管理等
☐特定疾患療養管理料について、管理内容の要点を診療録に記載してい

るか。
- □特定疾患治療管理料について、ウイルス疾患指導料（1・2）の指導内容の要点を診療録に記載しているか。
- □特定薬剤治療管理料（薬剤の血中濃度や治療計画）の要点を診療録に記載しているか。
- □悪性腫瘍特異物質治療管理料について、悪性腫瘍であると既に確定診断した患者以外の者に対して算定してはいないか（悪性腫瘍を疑って実施した腫瘍マーカー検査は、本来は検査の項目で算定すること）。
- □腫瘍マーカー検査の結果や治療計画の要点を診療録に記載しているか。
- □多項目の腫瘍マーカー検査を行うことが予想される初回月ではないにもかかわらず、初回月加算を算定してはいないか。
- □算定要件を満たさない腫瘍マーカー検査を実施したものに対して算定してはいないか。

- □てんかん指導料について、診療計画や診療内容の要点を診療録に記載しているか。

- □難病外来指導管理料について、主病に対する治療を行っていないものについて算定してはいないか。
- □診療計画や診療内容の要点を診療録に記載しているか。

- □皮膚科特定疾患指導管理料（ⅠⅡ）について、診療計画や指導内容の要点を診療録に記載しているか。

- □外来・入院・集団栄養食事指導料について、栄養食事指導せんまたは食事計画案を交付しているか。
- □特別食を医師が必要と認めた者以外の患者に対して外来・入院・集団栄養食事指導料を算定してはいないか。
- □外来・入院・集団栄養食事指導料について、対象とはならない患者に対して算定してはいないか。
- □栄養指導記録を作成しているか。

□栄養指導記録に指導内容の要点や指導時間の記載があるか。
□初回・2回目以降の外来・入院・栄養食事指導について、療養のため必要な栄養の指導を行った時間が、概ね30分以上・概ね20分以上と言い難いにもかかわらず、算定してはいないか。
□集団栄養食事指導の指導時間が40分未満である患者に対して算定してはいないか。
□診療録に医師が管理栄養士に対して指示した事項の記載が十分にあるか。
□管理栄養士への指示事項に、熱量、熱量構成、蛋白質脂質その他の栄養素量、病態に応じた食事の形態等に係る情報のうち、医師が必要と認めるものに関する具体的指示が含まれているか。

5. 在宅医療

□在宅療養指導料について、診療録に保健師または看護師への指示事項を記載しているか。
□30分以上療養の指導を行っているか。
□療養指導記録に、指導の要点や指導実施時間を明記しているか。

□がん性疼痛緩和指導管理料について、麻薬の処方前の疼痛の程度や麻薬処方後の効果判定、副作用の有無、診療計画、指導内容の要点を診療録に記載しているか。

□外来リハビリテーション診療料（1・2）について、リハビリテーション提供前の患者の状態の観察結果について、療養指導記録に記載があるか。
□疾患別リハビリテーション料の算定ごとに当該患者のリハビリテーションの効果や進捗況等を確認し、診療録に記載しているか。

□外来放射線照射診療料について、第2日目以降の看護師、診療放射線技師等による患者の観察について、照射ごとに記録して医師に報告しているか。
□放射線治療を行う前に患者またはその家族に説明し、文書等による同意

を得ているか。

□肺血栓塞栓症予防管理料について、肺血栓塞栓症を発症する危険性について評価しているか。
□弾性ストッキングまたは間歇的空気圧迫装置を用いて計画的な医学管理を行っているか。

□リンパ浮腫指導管理料について、医師の指示に基づかずに看護師や歯学療法士が実施しているようなことはないか。
□指導内容の要点を診療録に記載しているか。

□退院時リハビリテーション指導料について、指導・指示内容の要点を診療録に記載しているか。
□指導内容として定められている項目以外の指導で算定してはいないか。

□薬剤総合評価調整管理料について、処方の内容を総合的に評価した内容や、処方内容の調整の要点を診療録に記載しているか。
□内服薬を合計した種類数が2種類以上減少し、その状態が4週間以上継続すると見込まれる場合ではないにもかかわらず、算定してはいないか。

□診療情報提供料（Ⅰ）について、紹介元医療機関への受診行動を伴わない患者紹介の返事について算定してはいないか。
□紹介先の機関名を特定していない文書で算定してないないか。
□交付した文書の写しを診療録に添付しているか。

□退院時診療情報等添付加算について、退院後の治療計画、検査結果、画像診断に係る画像情報その他の必要な情報を添付していないものについて算定してはいないか。
□添付した写しまたはその内容を診療録に貼付または記載しているか。

□電子的診療情報評価料について、電子的方法により閲覧または受診した

検査結果や画像の評価の要点を診療録に記載しているか。

□診療情報提供料（Ⅱ）について、患者またはその家族からの希望があった旨を診療録に記載しているか。

□薬剤情報提供料について、診療録に薬剤情報を提供した旨の記載があるか。
□医療情報システム上、初期設定が「提供する」になってはいないか。
（提供の有無は、処方の都度、主治医が必要性を判断した後に入力する仕組みに改めること）

□在宅患者診療・指導料について、在宅患者訪問診療料を、医療機関への通院が可能と考えられる患者に対して算定してはいないか。
□当該患者またはその患者等の署名付きの訪問診療に係る同意書を作成し、診療録に添付しているか。
□訪問診療の計画や診療内容の要点を診療録に記載しているか。
□訪問診療を行った日における当該医師の当該在宅患者に対する診療時間（開始時刻および終了時刻）・診療場所］について診療録に記載しているか。
□在宅時医学総合管理料について、在宅療養計画や説明の要点等を診療録に記載しているか。

□在宅患者訪問看護・指導料について、指示内容の要点を記載しているか。
□訪問看護・指導を実施した患者氏名、訪問場所、訪問時間（開始時刻および終了時刻および訪問人数等について記録しているか。

□訪問看護指示料について、訪問看護指示書等の写しを診療録に添付しているか。

□在宅自己注射指導管理料について、在宅自己注射の導入前に、入院または週2回以上の外来、往診若しくは訪問診療により、医師による十分な教育期間をとり、十分な指導を行っているか。

□在宅自己注射の指導内容を詳細に記載した文書を作成し、患者に交付しているか。
□当該在宅療養を指示した根拠・指示事項・指導内容の要点について、診療録に適切かつ十分な記載があるか。

□在宅療養指導管理料について、対象とはならない患者に対して算定してはいないか。

□次の在宅療養指導管理料について、当該在宅療養を指示した根拠・指示事項・指導内容の要点を診療録に記載しているか。
　・在宅自己腹膜灌流指導管理料
　・在宅血液透析指導管理料
　・在宅酸素療法指導管理料
　・在宅中心静脈栄養法指導管理料
　・在宅成分栄養経管栄養法指導管理料
　・在宅自己導尿指導管理料
　・在宅人工呼吸指導管理料
　・在宅持続陽圧呼吸療法指導管理料
　・在宅悪性腫瘍患者指導管理料
　・その他在宅指導管理料

□在宅療養指導管理材料加算のうち、血糖自己測定器加算について、実際に測定している回数より多い回数で算定してはいないか。
□記録に基づいた指導を実施していない患者に対して算定してはいないか。
□インスリン製剤を1か月分以下しか処方していない患者に対して1月に複数回算定してはいないか。

6. 検査・画像診断・病理診断

□検査・画像診断・病理診断について、医学的に必要性が乏しい検査・画像診断・病理診断を行ってはいないか。

□結果が治療に反映されていない検査・画像診断・病理診断を行ってはいないか。
□医学的必要性がないものについて分割して実施したCTはないか。
□段階を踏んでいない検査・画像診断・病理診断はないか。
□重複とみなされる検査・画像診断・病理診断はないか。
□必要以上に実施回数の多い検査・画像診断・病理診断はないか。

□研究の目的をもって行われた検査・画像診断・病理診断はないか。
□健康診断として実施した検査・画像診断・病理診断はないか。
□症状等のない患者の希望に応じて実施した腫瘍マーカー検査はないか。
□尿沈渣（鏡検法）・尿沈渣（フローサイトメトリー法）について、尿中一般物質定性半定量検査もしくは尿中特殊物質定性定量検査において異常所見が認められた場合、または診察の結果から実施の必要があると考えられる場合ではないにもかかわらず実施してはいないか。

□腫瘍マーカー検査について、診察および他の検査・画像診断等の結果から悪性腫瘍の患者であることが強く疑われる者以外の者に対して実施してはいないか。
□悪性腫瘍の診断確定または転帰の決定までの間に2回以上実施してはいないか。

□呼吸心拍監視について、診療録に観察した心電曲線、心拍数の観察結果の要点の記載があるか。
□必要性の乏しい患者に対して実施してはいないか。
□モニター設置により自動的に算定しているようなことはないか。

□経皮的動脈血酸素飽和度測定について、酸素吸入を行っていないあるいは行う必要のない患者に対して算定してはいないか。

□脳波検査判断料1について、脳波診断を担当した経験を5年以上有する医師が脳波診断を行っているか。

□脳波検査判断料1について、脳波診断の結果を文書により当該患者の診療を担当する医師に報告しているか。

□発達および知能検査・人格検査・認知機能検査その他の心理検査について、診療録に分析結果を記載しているか。

□画像診断について、単純撮影の写真診断について、診療録に診断内容の記載があるか。
□画像診断管理加算（1・2）について、報告文書またはその写しを診療録に貼付しているか。
□地方厚生（支）局長に届け出た、専ら画像診断を担当する常勤の医師以外の者が読影したものについて算定してはいないか。

□病理判断料について、診療録に病理学的検査の結果に基づく病理判断の要点の記載があるか。
□算定要件を満たさない検査・画像診断・病理診断はないか。
□外来迅速検体検査加算について、文書による情報提供を行っているか。

7. 投薬・注射

□投薬・注射について、保険診療において薬剤を使用するにあたっては、医薬品医療機器等法承認事項を遵守しているか。
□消化性潰瘍のある患者に対するバイアスピリン錠・ロキソニン錠・ロキソプロフェンナトリウム錠の投与をしていないか。
□重篤な血液の異常のある患者に対するロキソニン錠の投与をしていないか。
□血栓症または血液凝固障害のある患者に対する静注用脂肪乳剤の投与をしていないか。
□緑内障の患者に対するブスコパンの投与をしていないか。
□肝性昏睡または肝性昏睡のおそれのある患者・重篤な腎障害のある患者に対するフルカリック◯号輸液を投与していないか。

□スポンゼル・ゼルフォームの血管内への投与をしていないか。
□出血性胃潰瘍の患者へのプリンペラン注射液・錠の投与をしていないか。

□次の適応外投与の例がないか（鎮静目的で使用）。
□セレネース注・セレネース錠・セレネース内服液を、統合失調症、躁病、器質的疾患に伴うせん妄・精神運動興奮状態・易怒性に対して処方した場合以外に使用していないか。
□リスパダール錠・リスパダール内用液を、統合失調症、器質的疾患に伴うせん妄・精神運動興奮状態・易怒性、パーキンソン病に伴う幻覚に対して処方した場合以外に使用していないか。
□1%ディプリバン注を、全身麻酔・人工呼吸管理以外に使用していないか。
□ドルミカム注射液を、麻酔前投薬、全身麻酔の導入および維持、集中治療における人工呼吸中の鎮静、区域麻酔時の鎮静以外に使用していないか。
□プレセデックス静注液を、人工呼吸管理・離脱後の鎮静・局所麻酔下における非挿管の手術および処置時の鎮静以外に使用していないか。

□次の適応外投与の例がないか（H2受容体拮抗剤・プロトンポンプ・インヒビターとして使用）。
□経口摂取可能な患者または適応症以外の患者に対するガスター注・ザンタック注・オメプラール注の、予防的あるいは長期間の投与をしていないか。
□胃潰瘍、急性胃炎、慢性胃炎の急性増悪期、逆流性食道炎等以外の患者に対するガスター錠の投与をしていないか。
□胃潰瘍、逆流性食道炎等以外の患者に対するオメプラール錠・パリエット錠・タケプロンOD錠・ネキシウムカプセル・タケキャブの投与をしていないか。

□高カロリー輸液中以外の患者に対する高カロリー輸液用総合ビタミン剤の投与をしていないか。
□術後でない腸管麻痺の患者に対するパントシン注5%の投与をしていないか。

□慢性肝疾患以外の肝疾患（薬剤性肝障害、急性肝炎）に対する肝機能異常の改善目的の、強力ネオミノファーゲンシー静注・タチオン注射用の投与をしていないか。
□白血球数 2,000/m㎥未満または好中球数 1,000/m㎥未満の適応症以外の患者に対する G-CSF 製剤の投与をしていないか。
□抗生物質等を投与していない患者に対する耐性乳酸菌製剤であるビオフェルミン R（散・錠）・エンテロノン -R 散・ラックビー R 散の投与をしていないか。
□静注用キシロカイン 2% をプロポフォール投与時の血管疼痛緩和の目的で投与していないか。
□エポジン注を、貯血量 800mL 未満・貯血期間 1 週間未満の自己血貯血に際して投与していないか。
□ネオーラル・プログラフの投与は適正か。
□注射用エラスポールの投与は適正か。
□低血糖の患者に対するブドウ糖の経口投与をしていないか。
□躁うつ病に伴う不眠症・統合失調症に伴う不眠症の患者に対するマイスリー錠の投与をしていないか。

□メチロン注・コントミン筋注の静脈投与をしていないか。
□強力ネオミノファーゲンシー静注を慢性肝炎以外の患者に対して 20mL を超えて投与をしていないか。
□総合ビタミン剤であるビタメジンを、1v/ 日を超えての投与をしていないか。
□H2 受容体拮抗剤であるガスター錠 40mg/ 日を、急性胃炎・慢性胃炎の急性増悪期の患者に対して投与をしていないか。

□タケプロン OD 錠・オメプラール錠・パリエット錠・ネキシウムカプセル・タケキャブを、胃潰瘍・吻合部潰瘍（8 週間まで）・逆流性食道炎（8 週間まで）・十二指腸潰瘍（6 週間まで）・非びらん性胃食道逆流症（4 週間まで）の患者に対して定められた期間を超えて投与をしていないか。
□メチコバール錠の月余にわたる漫然投与をしていないか。

☐総合ビタミン剤と各種ビタミン剤といった重複投与（成分、作用機序がほぼ同一のものを併用）をしてはいないか。
☐オメプラール・ガスターを経口と注射で併用してはいないか。

☐H2受容体拮抗剤とプロトンポンプ・インヒビターといった、不必要な多剤投与（同じ適応症に対して、成分または作用機序が異なるもの）をしてはいないか

☐抗菌薬等の使用について、細菌培養同定検査、薬剤感受性検査等の適正な手順を踏まずに、必要性の乏しい広域抗菌薬の投与をしていないか。
☐細菌感染症の所見、徴候が認められない患者に対して、予防的に抗菌薬の投与をしていないか。
☐治療効果や薬剤感受性試験の結果を検討しないまま漫然と長期間投与を継続してはいないか。
☐抗菌スペクトルを検討せずに必要以上の多剤併用を行ってはいないか。
☐術中術後の感染予防のため、広域抗菌薬を投与してはいないか。
☐術後に抗菌薬の投与を漫然と継続してはいないか。
☐ゲンタシン注・アミカシン注を洗浄目的で使用してはいないか。

☐血液製剤の使用について、アルブミン製剤を、慢性の病態においてアルブミン値2.5g/dL以上、急性の病態においてアルブミン値3.0g/dL以上の患者に対して投与してはいないか。
☐アルブミン値を全く測定せずに、アルブミン製剤を漫然と投与してはいないか。
☐新鮮凍結血漿を凝固因子の補充による出血傾向の是正以外の目的で投与してはいないか。
☐ヒト免疫グロブリン製剤を適応外の疾患に対して投与してはいないか。
☐アルブミン製剤を適応外の人工心肺装置のプライミング目的に使用してはいないか。

☐食事摂取可能な患者に、ビタミン製剤を投与しているものについて、必

要性を診療録および診療報酬明細書に記載しているか。
- □投与期間に上限が設けられている医薬品について、1回につき定められた日数分以上投与してはいないか。
- □経口投与が可能であるものについて、注射により薬剤を投与してはいないか。
- □抗癌剤の投与に際して、有効性および危険性を十分に説明し、同意を得ているか。
- □200床以上の保険医療機関において、処方料・処方せん料を算定し、30日を超える長期の投薬を行うにあたって、医科点数表の通知に定める要件を満たさない場合であるにもかかわらず、患者に対して他の保険医療機関（200床未満の病院または診療所）に文書による紹介を行う旨の申出を行っていないようなことはないか。

- □院外処方せんに、あらかじめ押印してはいないか。
- □様式が定められたものまたはこれに準ずるものとなっているか。
- □用法の記載が適切か。
- □用量の記載が適切か。

- □外来化学療法加算（1・2）について、抗悪性腫瘍剤等による注射の必要性等について文書で説明し同意を得て実施しているか。
- □登録された化学療法のレジメンの妥当性について委員会で継続的に評価しているか。

- □注射実施料において、中心静脈栄養用植込型カテーテルからの注射について、中心静脈注射で算定してはいないか。
- □精密持続点滴注射加算について、1時間に30mLより速い速度で注入しているものについて算定してはいないか。
- □精密持続点滴注射加算について、実施に係る記録があるか。
- □血漿成分製剤加算について、算定要件を満たしているか。
- □説明に用いた文書の写しを診療録に貼付しているか。
- □血漿分画製剤（アルブミン製剤・グロブリン製剤等）について算定して

はいないか。

8. リハビリテーション

☐疾患別リハビリテーションについて、職員1人1日当たりの実施単位数を適切に管理しているか。

☐リハビリテーションに従事する職員1人ごとの毎日の訓練実施終了患者の一覧表を作成しているか。

☐職員1人当たりの実施単位が、(理学療法士・作業療法士・言語聴覚士・従事者) 1人1日につき24単位・1週間で108単位を超過してはいないか。

☐リハビリテーション実施計画について、実施計画書を作成しているか。

☐開始時と3か月ごとに患者に対して実施計画を説明しているか。

☐開始時の、また、3か月ごとの実施計画の説明の要点を診療録に記載しているか。

☐訓練内容の記録が画一的になっておらず十分になされているか。

☐訓練の開始時刻および終了時刻の記載があるか。

☐訓練の開始時刻および終了時刻の記載が画一的になってはいないか。

☐訓練の開始時刻および終了時刻の記載が実際の時刻と一致しているか。

☐医学的にリハビリテーションの適応に乏しい患者に実施してはいないか。

☐医学的に最も適当な区分とは考えられない区分で算定してはいないか。

☐他の疾患別リハビリテーション料等の対象となる患者に対して、廃用症候群リハビリテーション料を算定しているようなことはないか。

☐実施した内容がリハビリテーションではないものについて、算定してはいないか。

☐リハビリテーションのための計測のみを行ったものについて、算定してはいないか。

☐実態として処置(消炎鎮痛処置等・牽引療法)とみなされるものについて算定してはいないか。

☐看護師が病棟で実施した拘縮予防処置をリハビリテーションとして算定してはいないか。

□運動器リハビリテーション料について、実用的な日常生活における諸活動の自立を図る目的以外の内容（スポーツのフォームの矯正等）で算定してはいないか。
□訓練時間が20分に満たないものについて算定してはいないか。
□患者1人につき1日合計6単位を超えて（別に厚生労働大臣が定める患者については9単位を超えて）算定してはいないか。

□標準的算定日数を超えて継続してリハビリテーションを行う患者について、継続することとなった日を診療録に記載しているか。
□リハビリテーション実施計画を作成し、患者または家族に説明のうえ交付し、その写しを診療録に添付しているか。
□リハビリテーションの起算日が医学的に妥当か。

□脳血管疾患等・運動器リハビリテーションについて、医師、理学療法士、作業療法士または言語聴覚士以外の従事者が実施するにあたり、医師または理学療法士の事前指示があるか。また、当該療法を実施後、医師または理学療法士に報告しているか。
□廃用症候群リハビリテーションを実施するにあたり、FIMまたはBIを評価しているか。また、廃用症候群に係る評価表の写しを診療録または診療報酬明細書に添付しているか。

□リハビリテーション総合計画評価料について、リハビリテーション総合実施計画を患者に説明しているか。
□リハビリテーション総合実施計画書を患者に交付しているか。
□リハビリテーション総合実施計画書の写しを診療録に添付しているか。
□リハビリテーション総合実施計画書について、理学療法士が単独で作成してしまい、多職種で共同して作成していないということがないか。
□リハビリテーション総合実施計画書の記載内容が必要十分か。

□摂食機能療法について、実施計画を作成しているか。
□定期的に摂食機能検査をもとにした効果判定を行っているか。

- □治療開始日を診療録に記載しているか。
- □訓練内容を診療録に記載しているか。
- □実施時刻（開始時刻と終了時刻）の記録を記載しているか。

- □難病・障害児（者）・がん患者・認知症患者リハビリテーション料について、対象とならない患者に対して算定してはいないか。
- □難病リハビリテーション料について、個々の患者に応じたプログラムを作成しているか。
- □障害児（者）リハビリテーション実施計画を作成しているか。
- □がん、認知症リハビリテーション計画を作成しているか。
- □障害児（者）リハビリテーション・がん患者リハビリテーションを実施するにあたり、開始時また3か月ごとに、患者またはその家族に対して、実施計画の内容を説明し、その要点を診療録に記載しているか。

- □リンパ浮腫複合的治療料について、対象とならない患者に対して、算定してはいないか。
- □弾性着衣または弾性包帯による圧迫、圧迫下の運動、用手的リンパドレナージ、患肢のスキンケアおよび体重管理等のセルフケア指導等を適切に組み合わせたとは言い難い例について、算定してはいないか。
- □複合的治療を40分以上あるいは20分以上行った場合に該当しないにもかかわらず、「1」重症の場合を算定してはいないか。

9. 精神科専門療法

- □入院精神療法（Ⅰ）について、精神保健指定医以外の医師が実施してはいないか。
- □精神療法を行った時間が30分未満でとなってはいないか。
- □診療録への、実施時間・診療の要点の記載が十分になされているか。
- □入院精神療法（Ⅱ）について、診療録への要点の記載が十分になされているか。
- □通院・在宅精神療法について、診療録への、当該診療に要した時間・診

療の要点の記載が十分になされているか。
- □1回の処方において、3種類以上の抗うつ薬または3種類以上の抗精神病薬を投与した場合であって、患者等に対して当該投与により見込む効果および特に留意する副作用等について、説明していない、あるいは説明した内容および患者等の受け止めを診療録に記載していない場合、所定点数の100分の50に相当する点数により算定しているか。
- □1回の処方において、3種類以上の抗うつ薬または3種類以上の抗精神病薬を投与した場合であって、服薬状況を患者等から聴取していない、あるいは患者から聴取した服薬状況を診療録に記載していない場合、所定点数の100分の50に相当する点数により算定しているか。
- □その他の精神科専門療法において、標準型精神分析療法について、診療録への診療の要点・診療時間の記載が十分になされているか。
- □心身医学療法について、診療録への要点の記載が十分になされているか。
- □入院集団精神療法について、要点の記載が十分になされているか。
- □精神科作業療法について、要点の記載が十分になされているか。
- □抗精神病特定薬剤治療指導管理料（持続性抗精神病注射薬剤治療指導管理料・療抵抗性統合失調症治療指導管理料）について、診療録への治療計画・指導内容の要点の記載が十分になされているか。

10. 処　置

- □創傷処置・熱傷処置・皮膚科軟膏処置を算定しているものについて、処置した範囲を診療録等に記載しているか。
- □実際に、創傷処置・熱傷処置・皮膚科軟膏処置を実施した範囲と異なる範囲の区分で算定してはいないか。

- □人工腎臓について、区分を誤って算定してはいないか。
- □継続して血液透析を実施する必要のない緊急透析の患者に対して導入期加算を算定してはいないか。
- □著しく人工腎臓が困難な障害者等に該当しない患者に対して障害者等加算を算定してはいないか。

□血漿交換療法・吸着式血液浄化法など、適応外の患者に実施したものについて算定してはいないか。
□通常の導尿（基本診療料に含まれるもの）について、導尿（尿道拡張を要するもの）として算定してはいないか。

□硬膜外自家血注入について、関係学会の定める脳脊髄液漏出症の画像診断基準に基づき、脳脊髄液漏出症として「確実」または「確定」と診断されたものに該当しないにもかかわらず、算定してはいないか。

11. 手　術

□手術料について、施設基準に適合しておらず、算定できないものについて算定してはいないか。
□点数表にない特殊な手術（点数表にあっても、手技が従来の手術と著しく異なる場合等を含む）の手術料について、事前に当局に内議することなく、点数表を準用して算定してはいないか。
□実際には、検査・処置であるものについて、手術として算定してはいないか。
□院内感染防止措置加算について、加算の対象ではない患者に対して算定してはいないか。

□手術の通則の5および6に係る施設基準を届け出ている医療機関について、手術の通則の5および6に係る施設基準を届け出ているにもかかわらず、手術の説明について、手術の内容、合併症および予後等について、文書を用いて詳しく説明しているか。
□説明した内容について、文書で交付し、診療録に添付しているか。
□実際に行われた手術と説明文書の内容が異なっているようなことはないか。
□患者への説明が困難な状況であったものについて、事後の説明を行っていない、あるいは事後に説明を行った旨を診療録に記載していないというようなことはないか。

□輸血料について、必要性の乏しい患者（厚生労働省医薬食品局から示されている指針に準拠していない例）に対して輸血を行っていることはないか。

□文書により輸血の必要性、副作用、輸血方法およびその他の留意点等について、患者等に説明しているか。

□説明に用いた文書について、患者等から署名または押印を得て交付し、その文書の写しを診療録に貼付しているか。

□一連ではない輸血の実施に際して、その都度、輸血の必要性、副作用、輸血方法およびその他の留意点等について、患者等に対して文書による説明を行い、同意を得ているか。

□文書での説明にあたって、参考様式で示している項目の一部（主治医氏名・種類・使用量・必要性・輸血を行わない場合の危険性・副作用・感染症検査・患者血液の保管・副作用感染症救済制度）に関する記載があるか。

□術中術後自己血回収術について、出血量が600mL未満であるものについて算定してはいないか。

12. 麻　酔

□閉鎖循環式全身麻酔について、厚生労働大臣の定める麻酔が困難な患者ではない者について、麻酔が困難な患者として算定してはいないか。

□閉鎖循環式全身麻酔器を患者に接続した時刻および離脱した時刻を麻酔記録（または診療録）に記載しているか。

□実施時間についての理解が適切か。

□点数区分についての理解が適切か。

□硬膜外麻酔加算についての理解が適切か。

□麻酔管理料（Ⅰ）について、施設基準として地方厚生（支）局長に届け出た常勤の麻酔科標榜医以外の者が、麻酔術前診察・術後診察を行ったものについて算定してはいないか。

□麻酔科標榜医が主要な麻酔手技（気管内挿管・抜管、マスク挿入・抜去、脊椎麻酔・硬膜外麻酔の実施等）を自ら実施しているか。
□緊急の場合でないにもかかわらず、麻酔前・後の診察を、麻酔を実施した日に行ってはいないか。
□麻酔前・後の診察等に関する診療録等への記載が十分か。

□麻酔管理料（Ⅱ）について、常勤の麻酔科標榜医の指導の下に行われていないものについて算定してはいないか。
□常勤の麻酔科標榜医以外の者の指導の下に行われたものについて算定してはいないか。
□常勤の麻酔科標榜医が指導を行ったことが確認できるか。
□麻酔を担当する医師が麻酔前後の診察を行っていないものについて算定してはいないか。
□緊急の場合でないにもかかわらず、麻酔前・後の診察を、麻酔を実施した日に行ってはいないか。
□麻酔前・後の診察等に関する診療録等への記載が十分か。

□麻酔について、表面麻酔に用いる、キシロカインゼリー2％やキシロカインポンプスプレー8％について、量が適切か。

13. 放射線治療

□放射線治療について、線量分布図に基づいた照射計画を作成しているか。
□放射線治療専任加算について、放射線治療を専ら担当する常勤の医師が、照射計画の策定や医学的管理を行っているか。
□放射性同位元素内用療法管理料について、説明・指導した内容等を診療録に記載または添付しているか。
□放射線治療において、ガンマナイフによる定位放射線治療・直線加速器による放射線治療を算定しているものについて、位置決め等に係る画像診断の費用を算定してはいないか。

Ⅱ. 薬剤部門に係る事項

1. 病棟薬剤業務実施加算

☐ 病棟薬剤業務実施加算について、週1回までの算定になっているか。
☐ 必要な患者に対して、過去の投薬・注射および副作用発現状況等を患者またはその家族等から聴取しているか。
☐ インターネットを通じて常に最新の医薬品情報を収集しているか。
☐ 重要な医薬品情報を医療従事者へ周知しているか。
☐ 投薬されている医薬品についての「医薬品緊急安全性情報、医薬品・医療機器安全性情報を当該患者の診療を担当する医師に対して文書により提供しているか。
☐ 必要な患者に対して、持参薬の有無、薬剤名、規格、剤形等を確認し、服薬計画を書面で医師等に提案しているか。また、その書面の写しを診療録に添付しているか。
☐ 注射薬と内用薬とが同時に投与される場合に、投与前に、注射薬と内用薬の間の相互作用の有無等を確認しているか（治療上必要な応急の措置として薬剤を投与する場合等を除く）。
☐ 患者等に対し、ハイリスク薬の説明を投与前に行う必要がある場合に、病棟専任の薬剤師がこれを行っているか。
☐ 流量または投与量の計算等が必要なハイリスク薬の投与にあたって、投与前に病棟専任の薬剤師が当該計算等を行っているか（治療上必要な応急の措置として薬剤を投与する場合等を除く）。
☐ 病棟薬剤業務日誌を作成しているか。
☐ 病棟薬剤業務日誌を5年間保管しているか。
☐ 専任の薬剤師が、配置されていない病棟がないか。
☐ 病棟薬剤業務の実施時間が1週間につき20時間相当に満たない病棟がないか。
☐ 病棟薬剤業務の実施時間に、薬剤管理指導料算定のための業務に要する時間を含めてはいないか。
☐ 常勤の薬剤師が配置されているか。

2. 薬剤管理指導料

☐薬剤管理指導料について、薬剤師が医師の同意を得ているか。
☐医師が薬剤管理指導を不要としたときの取扱いが明確になっているか。
☐算定日を診療報酬明細書の摘要欄に記載しているか。
☐薬剤管理指導の実施日と診療報酬明細書上の実施日が異なってはいないか。
☐相互作用・重複投薬・配合変化・配合禁忌について、薬学的管理指導が行われているか。
☐投与量・投与方法・投与速度について、薬学的管理指導が行われているか。
☐患者の状態を適宜確認することによる効果・副作用に関する状況把握が行われているか。

☐薬剤管理指導料１について、特に安全管理が必要な医薬品が投薬または注射されていない患者に対して算定してはいないか。
☐特に安全管理が必要な医薬品に該当しない医薬品について算定してはいないか。
☐特に安全管理が必要な医薬品に関し、薬学的管理指導を行っていない患者について算定してはいないか。
☐特に安全管理が必要な医薬品に関し、薬剤管理指導記録に服薬指導およびその他の薬学的管理指導の内容を記載しているか。

☐麻薬管理指導加算について、麻薬の投薬または注射が行われていない患者に対して算定してはいないか。
☐投与される麻薬の服用に関する注意事項等に関し必要な薬学的管理指導を行っていない患者について算定してはいないか。
☐薬剤管理指導記録に、次の事項を記載しているか。
　・麻薬の服用状況
　・疼痛緩和の状況
　・麻薬に係る患者への指導
　・麻薬に係る患者からの相談事項
　・その他の麻薬に係る事項

□薬剤管理指導記録について、次の事項を記載しているか。
　・患者の氏名
　・生年月日
　・性別
　・入院年月日
　・退院年月日
　・診療録の番号
　・投薬・注射歴
　・副作用歴
　・アレルギー歴
　・薬学的管理指導の内容
　・患者への指導および患者からの相談事項
　・薬剤管理指導の実施日
　・記録の作成日
　・その他の事項
□最後の記入の日から3年間保存しているか。
□薬剤管理指導記録と当該記録に添付が必要な文書等を速やかに照合・確認できるような体制を整備しているか。
□薬学的立場からの患者管理および指導を行うにあたり、担当薬剤師による患者の基礎情報の収集および整理が十分になされているか。

□薬学的管理指導を行うにあたり、担当薬剤師による患者の基礎情報収集および整理により一層努めているか。
□薬剤管理指導記録の内容が、処方の変更・服薬に関する注意事項等に限定されてしまっており、"薬学的管理"に係る事項の記録が不十分であるようなことはないか。
□薬剤管理指導記録を電磁的に保存する場合において、真正性・見読性・保存性を確保できない場合は、紙媒体を用いて保存しているか。
□薬剤管理指導記録の内容が判読困難ではないか。
□薬剤管理指導記録について、修正液・塗りつぶし・貼紙により訂正しているため、修正前の記載内容が判別できないようなことにはなっていな

いか。
□投薬・注射歴には、輸血製剤の使用についても記録がなされているか。

3. 薬剤情報提供料
□薬剤情報提供料について、入院中の患者について算定してはいないか。
□処方せんを交付した患者について算定してはいないか。
□処方した薬剤の名称等に関する主な情報を文書により提供しているか。
□処方の内容に変更がないにもかかわらず、月2回以上算定してはいないか。
□処方の内容に変更が処方日数のみの変更であるにもかかわらず、月2回以上算定してはいないか。
□同一日に2以上の診療科で診療された場合について、2回以上算定してはいないか。
□当該処方に係るすべての薬剤のうち、主な情報を文書により提供していない薬剤がないか。
□次の事項の主な情報を文書により提供しているか。
　・処方した薬剤の名称
　・用法
　・用量
　・効能、効果
　・副作用
　・相互作用
□複数の効能または効果を有する薬剤について、患者の病状に応じた情報を提供しているか。

□薬剤情報提供料の手帳記載加算について、患者の手帳に、処方した薬剤の名称・保険医療機関名・処方年月日を記載しているか。
□処方の内容に変更がないにもかかわらず、月2回以上算定してはいないか。
□患者の手帳を持参しなかった患者に対して算定してはいないか。

4. 退院時薬剤情報管理指導料
□退院時薬剤情報管理指導料について、入院時に服薬中の医薬品等を確認しているか。
□入院中に使用した主な薬剤の名称に関して、患者の手帳に記載しているか。
□入院中に副作用が発現した薬剤の、名称・投与量・当該副作用の概要・投与継続の有無・転帰を患者の手帳に記載しているか。
□入院期間が通算される再入院に係る退院時に算定してはいないか。
□入院時に医薬品の服薬状況および薬剤服用歴を確認しているか。

□入院時に患者が持参している医薬品等の名称等および確認した結果の要点を診療録に記載しているか。
□退院に際して、退院後の薬剤の服用等に関する必要な指導の要点をわかりやすく患者の手帳に記載しているか。
□退院後の療養を担う保険医療機関での投薬または保険薬局での調剤に必要な服薬の状況および投薬上の工夫に関する情報について、患者の手帳に記載しているか。
□当該指導料を算定した場合に、薬剤情報を提供した旨および提供した情報ならびに指導した内容の要点を診療録（薬剤管理指導料を算定している場合は、薬剤管理指導記録で可）に記載しているか。

5. 無菌製剤処理料
□無菌製剤処理料を、無菌製剤処理を行っていないにもかかわらず算定してはいないか。
□閉鎖式接続器具を使用した場合に当該器具の製品名および数量を無菌製剤処理に関する記録に記載しているか。

6. 保険外併用療養費（医薬品の治験）
□医薬品の治験の取扱いについて、診療報酬明細書への記載を記載要領どおりに行っているか。

□特記事項欄に「薬治」の記載があるか。
□治験依頼者の依頼による治験において、治験実施期間中に行った検査・画像診断を保険請求してはいないか。
□治験依頼者の治験において、被験薬の予定される効能または効果と同様の効能または効果を有する医薬品・当該治験の被験薬および対照薬の投薬・注射に要する費用を保険請求してはいないか。
□自ら治験を実施する者による治験において、被験薬および対照薬に係る投薬および注射に要する費用を保険請求してはいないか。
□「治験実施期間」の理解が正しいか。
□患者に対しての説明と同意を適切に実施しているか。
□治験に関わる費用について、診療報酬請求分と企業への請求分の区分が明確になっているか。

7. その他の事項

□院外処方せんの交付に際し、いわゆる患者誘導とも疑われかねない掲示等がなされてはいないか。
□院外処方せんのFAX送信コーナーに置かれている薬局一覧リストが薬剤師会会員のみに限定されているようなことがなく、薬剤師会非会員の薬局の情報についても記載されているか。
□院外処方せんのFAX送信コーナーに置かれている薬局一覧リスト（またはイラストマップ）につき、薬剤師会会員のみ掲載されているようなことがなく、掲載されている薬局以外にも電送可能である旨を明示しているか。
□当該医療機関内での医薬品の採用について、後発医薬品の使用促進に積極的に取り組んでいるか。

Ⅲ．看護・食事・寝具・設備に係る事項

1．看　護

☐看護師等の配置等について、入院基本料と平均在院日数の整合性が取れているか。
☐病棟の病床数が規定数を超えているようなことはないか。
☐入院患者数が定数超過の状態にないか。
☐入院患者数と看護要員数の比率が算定要件を満たしていないようなことはないか。
☐看護職員の勤務時間について、計算方法が正しいか。
☐兼務者の時間比例計算が正しいか。
☐外来での勤務を病棟勤務の時間として算入しているようなことはないか。
☐非常勤者の時間比例計算が適切か。
☐看護職員が研修・会議等に参加している時間を病棟勤務の時間として算入してはいないか。
☐看護補助者を看護職員として算入してはいないか。
☐看護補助業務を行っていない職員を看護補助者として算入してはいないか。
☐一般病棟7対1入院基本料・看護必要度加算（1・2・3）・特定集中治療室管理料（1・2・3・4）・ハイケアユニット入院医療管理料（1・2）・地域包括ケア病棟入院料・回復期リハビリテーション入院料1について、重症度、医療・看護必要度の基準を満たす患者の割合が、施設基準の要件を満たしているか。

☐看護の実施について、重症度、医療・看護必要度について、測定・評価を適切に行っているか。
☐口頭指示について、院内での運用規定があるか。
☐指示受けの確認サインがあるか。
☐患者の個人記録について、観察した事項・実施した看護の内容の記載が十分か。
☐入院期間中に、重症者等療養環境特別加算対象病室・特定入院料の治療

室・差額病室・一般病室の間を移動した患者について、診療録、看護記録等にその旨を記載しているか。
□看護業務の管理に関する記録において、看護要員の勤務計画について、日勤、夜勤者の区分が明確化されているか。
□看護単位ごとに作成されているか。
□看護業務の計画に関する記録があるか。

□付添看護等について、付添の家族に看護業務を行わせてはいないか。
□家族等による付添を入院の条件としてはいないか。
□家族による付添について、付添の許可基準が適切かつ明確であるか。
□外出、外泊について、入院患者に対する外出、外泊の許可（変更があった場合を含む）が適切に行われているか。
□外泊許可簿を整理しているか。
□外出および帰院時間を確認しているか。
□外出、外泊許可書の様式に必要事項（病院の住所・電話番号等）の記載があるか。
□外泊許可書を本人に交付しているか。
□外出、外泊の許可基準が明確であるか。

2. 食 事
□入院時食事療養（Ⅰ）において、食事提供数について、入院患者ごとに実際に提供された食数を記録しているか。
□医師または栄養士による検食簿の記載が十分になされているか。
□特別食加算について、特別食の食事箋を医師が記載しているか。あるいはオーダーを医師が入力しているか。
□特別食に該当しない食事に対して、特別食加算を算定してはいないか。
□市販されている流動食のみを経管栄養法により提供した場合であるにもかかわらず、特別食加算を算定してはいないか。
□特別食を提供している患者の病態が算定要件を満たしているか。
□特別食の食事箋の様式・記載・オーダーシステムに不備がないか。

□傷病名の記載があるか。
□身長、体重、安静度等の患者の基本的な情報が含まれているか。
□特別食の名称について独自の名称を用いてはいないか。

□食堂加算について、集中治療室に入室中の患者に対して算定してはいないか。
□薬価基準に収載された高カロリー薬のみを経鼻的に投与している患者に対して算定してはいないか。
□外泊・外出・退院により、食事を提供していないにもかかわらず算定してはいないか。
□栄養管理部門が事務部門の一部と位置づけられてはいないか。
（食事は医療の一環であるから、診療補助部門に位置づける等、体制について検討すること）

3. 寝具・設備
□寝具・設備について、寝具の交換回数は適切か。
□リネン庫に不潔物等が混在し、衛生管理上不適切になってはいないか。
□リネン庫、不潔庫が施設として適切であるか。

□診療録（外来・入院）の様式が、定められた様式（第一号(1)）に準じているか。
□労務不能に関する意見欄が適切か。
□公費負担に関する欄が適切か。
□傷病名、診療開始日・終了日、転帰を記載する欄が適切か。

Ⅳ．請求事務・施設基準等に係る事項

1．診療録等

☐ 診療録（外来・入院）の様式が、定められた様式（第一号(1)）に準じているか。
☐ 労務不能に関する意見欄が適切であるか。
☐ 公費負担に関する欄が適切であるか。
☐ 傷病名、診療開始日・終了日、転帰を記載する欄が適切であるか。

2．診療報酬明細書の記載等

☐ 診療報酬明細書の主傷病名について、主傷病名ではない傷病名を主傷病名としてはいないか。
☐ 主傷病名は原則1つとされているところ、（非常に）多数の傷病を主傷病名としてはいないか。
☐ 主傷病名と副傷病名を区別しているか。

☐ 摘要欄の記載について、誤りはないか。
☐ 救急医療管理加算について、実際とは異なる算定理由を記載してはいないか。
☐ 診断群分類区分に該当しないと判断された患者について、「該当しない旨および医療資源を最も投入した傷病名」の記載があるか。
☐ 特定薬剤治療管理料について、薬剤名を診療報酬明細書に記載しているか。
☐ 特定保険医療材料等について、名称・規格またはサイズ・価格を診療報酬明細書に記載しているか。
☐ 入院中の患者に対する点滴注射および中心静脈注射等について、使用した薬品名、規格、単位および使用量を1日分ごとに記載しているか。

3. 基本診療料等

☐ 初・再診料について、同日初診・再診について理解が正しいか。
☐ 再診料、外来診療料について理解が正しいか。
☐ 初診または再診に附随する一連の行為で来院したものについて、再診料・外来診療料を算定してはいないか。
☐ 緊急入院の患者について、再診料・外来診療料を算定してはいないか。
☐ 外来リハビリテーション診療料（1・2）・外来放射線照射診療料を算定しているにもかかわらず、再診料・外来診療料を算定してはいないか。
☐ 外来受診後引続き入院したものについて、外来での診療行為を入院とは別に外来として請求してはいないか。
☐ 時間外・深夜・休日・時間外特例医療機関加算について、理解が正しいか。

☐ 入院基本料、入院基本料等加算について、患者の入院に際し過去3か月以内の入院の有無を十分に確認しているか。
☐ 褥瘡対策として、専任の医師および褥瘡看護に関する臨床経験を有する専任の看護職員から構成される褥瘡対策チームを設置しているか。
☐ 患者の状態に応じた褥瘡対策に必要な寝具等（体圧分散式マット等）を適切に選択し使用する体制が整っているか。

☐ 栄養管理体制として、常勤の管理栄養士を配置しているか。
☐ 栄養管理手順を作成しているか。

☐ 総合入院体制加算について、施設基準を満たしているか。

☐ 臨床研修病院入院診療加算について、全職員を対象とした保険診療に関する講習を年2回以上実施しているか。
☐ 算定要件である診療録管理体制の施設基準を満たしているか。

☐ 救急医療管理加算について、誤った区分で算定してはいないか。
☐ 診療録管理体制加算（1・2）について、退院時要約適切に作成しているか。
☐ 診療録管理体制加算1について、年間の退院患者数に対し、専任の常勤

診療記録管理者の配置が不足してはいないか。
- □退院の翌日から起算して14日以内に退院時要約が作成されて、中央病歴管理室に提出された者の割合が毎月9割以上の基準を満たしているか。

- □重症者等療養環境特別加算について、術後に一律に収容する等、医学的必要性の乏しい例についても算定してはいないか。
- □特別の料金を患者から徴収してはいないか。
- □無菌治療室管理加算について、白血病、再生不良性貧血、骨髄異形成症候群、重症複合型免疫不全症等の患者以外で医学的な必要性が乏しい患者に対して算定してはいないか。
- □現に無菌治療室管理を行っていない患者に対して算定してはいないか。
- □がん診療連携拠点病院加算について、最終的に悪性腫瘍と診断されなかった患者に対して算定してはいないか。
- □医療安全対策加算（1・2）について、医療安全管理者が定期的に院内を巡回しているか。
- □医療安全管理部門が業務改善計画書を作成していることが明確となっているか。
- □医療安全管理者の活動実績を記録しているか。
- □カンファレンスが週1回程度開催されているか。

- □感染防止対策加算（1・2）について、
感染防止対策マニュアルが作成され、各部署に配布され、定期的に改訂を行っているか。
- □感染防止対策加算（1・2）の届出を行った医療機関との合同カンファレンスについて、年4回程度行い、その内容について記録しているか。
- □感染防止対策加算について、感染制御チームが1週間に1回程度、定期的に院内を巡回しており、巡回・院内感染に関する情報が記録に残されているか。
- □院内感染対策に関する研修を年2回程度実施しているか。
- □特定抗菌薬（広域スペクトラムを有する抗菌薬・抗MRSA薬等）の使用に際して、届出制または許可制の体制をとっているか。

- □感染防止対策加算1について、院内感染対策サーベイランス（JANIS等）、地域や全国のサーベイランスに参加しているか。
- □退院支援加算1について、連携保険医療機関等の職員と年3回以上の頻度で面会し、情報の共有等を行っているか。
- □退院支援加算1について、連携保険医療機関等との面会の日付、担当者名、目的および連携保険医療機関等の名称等を一覧できるように記録しているか。
- □退院支援および地域連携業務を担う部門に、要件を満たす看護師または社会福祉士等が必要数配置されているか。

- □救命救急入院料・特定集中治療室管理料・新生児特定集中治療室管理料について、当該治療室内に勤務する専任の医師の勤務状況の管理が適切であるか。（当該治療室内に専任の医師が常時勤務していることが明確となるように管理すること）

- □救命救急入院料（1・2・3・4）について、専任の医師が、常時治療室内に勤務しているか。
- □算定対象とならない患者に対して、入室したことのみで自動的に算定してはいないか。
- □看護配置が適切か。
- □当該管理を行うために必要な装置および器具を治療室内に常時備えているか。

- □特定集中治療室管理料（1・2・3・4）について、専任の医師が、常時当該治療室内に勤務しているか。
- □専任の医師に、特定集中治療の経験を5年以上有する医師を2名以上含んでいるか。
- □算定対象とならない患者に対して、入室したことのみで自動的に算定してはいないか。
- □施設基準として届出た病床以外の病床について算定してはいないか。

□ハイケアユニット入院医療管理料について、算定対象とならない患者に対して、入室したことのみで自動的に算定してはいないか。
□施設基準として届出た病床以外の病床について算定してはいないか。

□脳卒中ケアユニット入院医療管理料について、算定対象とならない患者に対して、入室したことのみで自動的に算定してはいないか。
□発症日からではなく、入院日から算定してはいないか。

□新生児特定集中治療室管理料（1・2）について、専任の医師が、常時当該治療室内に勤務しているか。
□算定対象とならない患者に対して、入室したことのみで自動的に算定してはいないか。
□施設基準として届出た病床以外の病床について算定してはいないか。

□総合周産期特定集中治療室管理料における、母体・胎児集中治療室管理料について、専任の医師が常時、当該治療室内に勤務している。
□当該治療室勤務の医師および看護師が、当該治療室に勤務している時間帯に、当該診療室以外の場所での当直勤務を併せて行ってはいないか。
□算定対象とならない患者に対して、入室したことのみで自動的に算定してはいないか。
□施設基準として届出た病床以外の病床について算定してはいないか。

□新生児集中治療室管理料について、専任の医師が常時、当該治療室内に勤務している。
□施設基準として届出た病床以外の病床について算定してはいないか。
□算定対象とならない患者に対して、入室したことのみで自動的に算定してはいないか。

□小児入院医療管理料について、外来診療当日に入院した患者に対して初診料を算定してはいないか。（DPCを除く）

□回復期リハビリテーション病棟入院料について、算定対象とならない患者に対して算定してはいないか。
□地域包括ケア病棟入院料について、算定対象とならない患者に対して算定していないか。

4. 医学管理・在宅医療
□医療機器安全管理料1について、生命維持管理装置（人工心肺装置および補助循環装置、人工呼吸器、血液浄化装置（人工腎臓は除く）、除細動装置、閉鎖式保育器）を用いて治療を行っていないにもかかわらず算定してはいないか。
□医療機器安全管理料2について、一連の照射につき当該照射の初日に1回に限り算定するべきところ2回算定しているようなことはないか。
□放射線治療に関する機器の精度管理等を専ら担当する技術者が、放射線治療専任加算における技術者と兼任してはいないか。

□特定薬剤治療管理料・悪性腫瘍特異物質治療管理料について、医師のオーダーによらず、請求事務担当者の判断であるいは自動的に算定してはいないか。
□悪性腫瘍特異物質治療管理料について、多項目の腫瘍マーカー検査を行うことが予想される初回月に該当しないにもかかわらず、初回月加算を算定してはいないか。
□難病外来指導管理料について、退院日から1か月以内である患者に算定してはいないか。

□がん患者指導管理料（1・2・3）について、緩和ケアの研修を修了した医師・看護師が配置されているか。
□化学療法の経験を5年以上有する医師・専任の薬剤師が配置されているか。
□肺血栓塞栓症予防管理料について、1入院で2回算定しているようなことはないか。

□薬剤管理指導料（1・2）について、患者1人につき、週2回算定していることはないか。
□薬剤管理指導料（1・2）について、患者1人につき、算定する日の間隔が6日以上となっているか。
□薬剤管理指導料（1・2）について、患者1人につき、月4回を超えて算定してはいないか。

□薬剤総合評価調整管理料について、入院中の患者に対して算定してはいないか。
□内服を開始して4週間以上経過した、内服薬が6種類以上処方されている患者ではないにもかかわらず、算定してはいないか。

□診療情報提供料（Ⅰ）の検査・画像情報提供加算について、検査結果、画像情報、画像診断の所見、投薬内容、注射内容、退院時要約等の診療記録のうち主要なものについて、電子的方法により、他の保険医療機関が常時閲覧可能な形式で提供しているか。
□電子的に送受される診療情報提供書に添付しているか。
□施設基準を満たしているか。
□情報の提供側の保険医療機関において、提供した診療情報または閲覧可能として情報の範囲および日時が記録されているか。

□電子的診療情報評価料について、他の保険医療機関から診療情報提供書の提供を受けた患者について、検査結果、画像情報、画像診断の所見、投薬内容、注射内容、退院時要約等の診療記録のうち主要なものについて、電子的方法により閲覧または電子的に送付された診療情報提供書と併せて受信していないにもかかわらず、算定してはいないか。
□他の保険医療機関から診療情報提供書の提供を受けていないにもかかわらず算定してはいないか。
□施設基準を満たしているか。
□電子的方法によって情報を提供された保険医療機関において、提供を受けた情報を保管し、または閲覧した情報および閲覧者名を含むアクセス

ログを1年間記録しているか。

□在宅療養指導管理料について、同一月に（入院と外来で）2回算定してはいないか。
□在宅療養指導管理料について、医師のオーダーによらず、請求事務担当者の判断あるいは自動的に算定してはいないか。
□在宅療養指導管理料について、実施していないものに対して算定してはいないか。
□在宅療養指導管理料を算定していない患者に対して、在宅療養指導管理材料加算を算定してはいないか。
□携帯型ディスポーザブル注入ポンプ加算のみを単独で算定してはいないか。
□血糖自己測定器加算について、診療録に記載された実施回数よりも多い回数で誤って算定してはいないか。

5. 検査・画像診断・病理診断

□実際に行ったものとは異なる検査・画像診断・病理診断を誤って算定してはいないか。
□大腸ファイバースコピーについて、到達範囲が実際とは異なってはいないか。
□細菌薬剤感受性検査について、実際に検出されたものと異なる菌種数で算定してはいないか。

□実際に行っていない検査・画像診断・病理診断を誤って算定してはいないか。
□観血的動脈圧測定・人工腎臓の回路からの血液採取を、動脈血採取として算定してはいないか。
□毛細管血採血を行ったものについて、動脈血採取として算定してはいないか。
□検査・病理診断のオーダーにより、検体検査料・組織診断料が算定され

てしまう仕組みになっていないか。またそのために、未実施の検体検査料・組織診断料を算定してはいないか。
☐中止された検査を算定してはいないか。
☐実施回数と算定回数が異なってはいないか。

☐検体検査管理加算（Ⅲ・Ⅳ）について、施設基準を満たしているか。

☐画像診断管理加算（1・2）について、施設基準を満たしているか。
☐当該保険医療機関以外の施設に読影または診断を委託してはいないか。
☐画像診断管理加算2について、施設基準を満たしているか。
☐核医学診断およびコンピュータ断層診断のうち、撮影日の翌診療日までに読影結果を主治医に文書で報告しているか。

☐検査・画像診断・病理診断について、閉鎖循環式全身麻酔と同一日に行った呼吸心拍監視を算定してはいないか。
☐悪性腫瘍の診断が確定した患者について、悪性腫瘍特異物質治療管理料ではなく、腫瘍マーカー検査を算定してはいないか。
☐悪性腫瘍特異物質治療管理料を算定しているにもかかわらず、血液採取（静脈）を別に算定してはいないか。
☐同時に算定できない検体検査をそれぞれ算定してはいないか。
☐画像診断管理加算（1・2）について、算定対象とならないものに対して算定してはいないか。
☐病理組織標本作製について、リンパ節の臓器としての数え方が適切か。
☐医師が確認していない細胞診について、細胞診断料・病理診断管理加算1・2（細胞診断）を算定してはいないか。
☐常勤の病理医以外が診断したものについて病理診断管理加算（1・2）を算定してはいないか。

6. 投薬・注射

☐ 使用していない薬剤を誤って算定してはいないか。
☐ 実際に使用したものと異なる薬剤を誤って算定してはいないか。
☐ 投与回数と算定回数に整合性はあるか。

☐ 実際に使用した量を上回る量で薬剤を誤って算定してはいないか。
☐ 外来患者の内服薬について、7種類以上の薬剤投与時の処方料・処方せん料を適切に算定しているか。
☐ 薬剤料について、2種類以上の内服薬を調剤した場合の診療報酬明細書への記載方法は正しいか。
☐ 外泊日の入院調剤料を算定してはいないか。
☐ 院外処方せんの交付・薬剤管理指導を行っている患者の調剤技術基本料を算定してはいないか。
☐ 無菌製剤処理料（1・2）の対象患者に該当しない患者に対して使用する薬剤について、無菌製剤処理料（1・2）を算定してはいないか。
☐ 無菌製剤処理料1について、閉鎖式接続器具を使用していないにもかかわらず、使用した場合の点数を算定してはいないか。
☐ 無菌製剤処理料1の「イ」について、揮発性の高い薬剤に該当しないにもかかわらず、揮発性の高い薬剤の場合の点数を算定してはいないか。

7. リハビリテーション

☐ リハビリテーションについて、算定可能日数を超えて算定しているようなことはないか。
☐ 早期リハビリテーション加算・初期加算について、誤った起算日に基づいて算定してはいないか。
☐ 算定単位数上限を超えて実施しているリハビリテーションについて、選定療養としているか。

8. 精神科専門療法

☐ 入院精神療法（Ⅱ）について、重度の精神障害者でないものに対して、入院から4週間を超えているにもかかわらず週2回算定してはいないか。

9. 処　置

☐ 処置について、同一日に実施した人工呼吸・喀痰吸引・超音波ネブライザーをそれぞれ算定してはいないか。
☐ 手術に伴って行った処置・診断穿刺・検体採取の費用を算定してはいないか。
☐ 創傷処置・術後創傷処置・皮膚科軟膏処置を実施した範囲と異なる点数で算定してはいないか。
☐ 手術後14日以内ではない入院中の患者に対して、創傷処置・熱傷処置・重度褥瘡処置（100平方センチメートル未満）を算定してはいないか。
☐ 算定できない点眼・洗眼・眼軟膏処置を創傷処置として算定してはいないか。
☐ 酸素吸入を外泊日に算定してはいないか。

10. 手　術

☐ 手術料について、点数表にない特殊な手術（点数表にあっても、手技が従来の手術と著しく異なる場合等を含む）の手術料について、事前に当局に内議することなく、点数表を準用して算定してはいないか。
☐ 実際には（検査・処置）であるものについて、手術として算定している。
☐ 短期滞在手術基本料の取扱いが適切か。
☐ 複数手術の算定方法に誤りはないか。
☐ 手術の施設基準に関する届出を正確に記載しているか。
（平成28年度改定より、通則5および6に掲げる手術の施設基準については届出不要）
☐ 当該手術を実施した症例数の記載が誤ってはいないか。
☐ 区分外に分類すべき手術を届出区分に含めて計算し記載してはいないか。

□実際に行われた手術術式と異なる術式の症例を記載してはいないか。

□輸血管理料（Ⅰ・Ⅱ）について、適切に算定しているか。

11. 麻　酔
□麻酔について、閉鎖循環式全身麻酔における厚生労働大臣の定める麻酔が困難な患者について、理解が誤ってはいないか。
□麻酔管理料（Ⅰ・Ⅱ）の算定について、理解が誤ってはいないか。
□麻酔管理料（Ⅰ）の算定にあたっては、麻酔前後の診察が実際に行われた旨の診療録記載と麻酔および麻酔前後の診察を実際に行った担当者の資格を、麻酔担当部門および医事部門で十分に確認したうえで、算定要件を満たしている症例についてのみ算定を行う体制を整えているか。

12. 放射線治療
□放射線治療について、算定された体外照射の回数が実際の照射回数と異なるようなことはないか。

13. 入院時食事療養費等
□入院時食事療養費について、算定された食事数が実際に提供された食事数と異なるようなことはないか。
□外泊中・退院後の食事療養費を算定してはいないか。
□母乳のみしか与えていないものについて、食事療養費を算定してはいないか。

14. 特定保険医療材料料
□特定保険医療材料の算定が告示価格となっているか。
□特定保険医療材料として認められていない材料を誤って算定してはいな

いか。
☐実際には使用していないあるいは実際に使用した量を上回る数で特定保険医療材料を誤って算定してはいないか。

☐実際に使用した特定保険医療材料と異なる特定保険医療材料を誤って算定してはいないか。
☐算定要件を満たしていない特定保険医療材料を算定してはいないか。
☐本来の使用目的とは異なった目的で使用した特定保険医療材料を算定してはいないか。
☐特定保険医療材料について必要性の乏しい膀胱留置用ディスポーザブルカテーテルの算定をしていないか。
☐医療ガスの計算方法・算定方法が誤っていないか。
☐酸素を外泊日に算定してはいないか。
☐動力源として用いた窒素の費用を算定してはいないか。

☐フィルム代の算定方法が誤ってはいないか。
☐フィルムの現像に係る郵送料の算定方法が誤ってはいないか。

15. 保険外併用療法費（医薬品の治験以外）

☐特別療養環境室料の取扱いについて、施設要件を満たしているか。
☐患者からの同意書について、取得していなかったり不備があったりしていないか。
☐治療上の必要から特別療養環境室へ入院させた患者について室料を徴収してはいないか。

☐医療機器の治験の取扱いについて、手術または処置の前後1週間に行った検査、画像診断を算定してはいないか。
☐診療報酬上評価されていない手術、処置を算定してはいないか。
☐包括点数から、当該治験に係る検査、画像診断の費用を差し引いているか。
☐患者に対しての説明と同意の実施が適切か。

□治験に関わる薬剤の算定区分（保険分と企業分）が明確となっているか。

□医薬品医療機器等法に基づく承認を受けた医薬品の取扱いについて、医薬品医療機器等法上の承認を取得後に薬価収載されているものについて、特別料金を徴収してはいないか。
□医薬品の主な情報を文書で提供しているか。
□特別料金等の内容を定めまたは変更をしようとするときに、地方厚生（支）局長にその都度報告しているか。

□先進医療の取扱いについて、必要な届出を行わずに先進医療を実施してはいないか。
□患者に対しての説明と同意の実施が適切か。
□文書による同意を取得しているか。
□料金の説明が含まれているか。
□届出された実施者以外の者が説明を行ってはいないか。
□自費で請求すべき事項を保険請求してはいないか。
□自費請求を明確にしているか（請求書、領収証等）。
□届出している医師以外の者が先進医療に相当する診療を実施する場合は、その費用負担および請求について適正に取り扱っているか。
□当該先進医療技術の患者適格基準に合致しない患者に対して先進医療を実施し、保険外併用療養費を算定してはいないか。

□患者申出療養の取り扱いについて、患者に対しての説明と同意の実施が適切か。
□文書による同意を取得しているか。
□費用負担についての説明が含まれているか。
□患者または代諾者の直筆による署名および押印が行われているか。
□自費で請求すべき事項を保険請求してはいないか。
□自費請求を明確にしているか（請求書、領収証等）。
□当該患者申出療養において設定された患者適格基準に合致しない患者に対して、患者申出療養を実施し、保険外併用療養費を算定してはいないか。

16. 一部負担金

☐ 一部負担金の受領について、受領すべき者から受領していないことはないか。
☐ 計算方法は正しいか。
☐ 一部負担金等の計算記録の保管方法が適切であるか。
☐ 日計表の管理方法が適切であるか。
☐ 未収の一部負担金に係る管理簿を作成しているか。
☐ 未収の一部負担金に係る納入督促を行っているか。

17. 保険外負担等

☐ 保険外負担等について、実費徴収にあたって、患者、家族に十分な説明を行い、承諾を得ているか。(徴収に係るサービスの内容および料金を明示した文書への署名、他の費用と区別した領収証の発行)
☐ 請求できない材料費等、所定の点数に含まれるもの・保険請求が認められていないものについて、患者から徴収してはいないか。
☐ 保険請求すべきものについて、患者から徴収してはいないか。
☐ 審査で査定されることを前提に、患者に請求してはいないか。
☐ 保険請求しているものについて、誤って患者からも徴収してはいないか。
☐ 預り金を、適正な手続きを経ずに徴収してはいないか。(患者側への十分な情報提供、同意の確認、内容・金額・精算方法等の明示等)
☐ 治療とは直接関係ないサービスまたは物の徴収額が適切であるか(あいまいな名目での実費徴収:「お世話料」、「施設管理料」、「雑費」等がないか)。

18. 掲示・届出事項等

☐ 掲示・届出事項等について、保険医療機関である旨の標示がなされているか。
☐ 医師数・薬剤師数等が適切か。
☐ 医師数・薬剤師数が、医療法で定められた定員を下回ってはいないか。

□掲示について、診療日、診療時間に関する事項の掲示がなされているか。
□看護に関する事項を、受付・病棟に掲示しているか。
□付添看護に関する事項を、受付・病棟に掲示しているか。
□施設基準に関する事項を、受付・病棟に掲示しているか。
□保険外負担に関する事項を、受付・病棟に掲示しているか。
□保険外併用療養費に関する事項を、受付・病棟に掲示しているか。
（特別療養環境室料・200床以上の病院の初診に係る特別料金・予約料・時間外に係る特別料金・200床以上の病院の再診に係る特別料金および紹介先医療機関名・入院期間が180日を超える入院に係る特別の料金）

Ⅴ. 包括評価に係る事項

1. 診療群分類および傷病名

□実態としては包括評価の対象外と考えられる患者について、包括化して算定している次の不適切な例がないか。
・入院後24時間以内の死亡患者
・生後7日以内の新生児の死亡
・治験の対象患者
・臓器移植患者
・高度先進医療の対象患者
・急性期以外の特定入院料の算定対象患者
・その他厚生労働大臣が定める者

□実態としては包括評価の対象と考えられる患者について出来高で算定してはいないか。
□最も医療資源を投入した傷病名（ICD-10傷病名）の選択が、医学的に妥当であるか。
□最も医療資源を投入した傷病名（ICD-10傷病名）が、実際に医療資源を最も投入した傷病名と同一か。
□原疾患が判明しているにもかかわらず、相応の理由なく、入院併存症や

入院後発症疾患を、最も医療資源を投入した傷病名（ICD-10傷病名）として選択してはいないか。
☐最も医療資源を投入した傷病名（ICD-10傷病名）として、医療資源を2番目に投入した傷病名を選択してはいないか。

☐年齢、JCS（Japan Coma Scale）、体重等が実際と異なるようなことはないか。
☐手術を行ったものについて、手術の術式の選択が適切か。
☐実際には行っていない手術を行ったものとして包括評価してはいないか。
☐実際には行っていない（または実際に行われたものと異なる）手術・処置等1、手術・処置等2を行ったものとして包括評価してはいないか。
☐実際には手術・処置等1、手術・処置等2を行っているものについて、行っていないものとして包括評価してはいないか。
☐実際には「副傷病なし」とすべきものを「副傷病あり」として分類してはいないか。
☐疑いの傷病名をもって「副傷病あり」としてはいないか。
☐実際には「副傷病あり（定義告示で定義された疾病）」とすべきものを「副傷病なし」として分類してはいないか。
☐重症度等が実際と異なってはいないか。

☐診療録に記載のないICD-10傷病名を、最も医療資源を投入した傷病名として記載してはいないか。
☐主治医に確認することなく、事務部門（診療録管理部門）が、最も医療資源を投入した傷病名を付与してはいないか。
☐病変の部位や性状が判明しているものについて、部位不明・性状不明・詳細不明等のICD-10傷病名を、最も医療資源を投入した傷病名として記載してはいないか。

2. 包括評価用診療報酬明細書

☐包括評価用診療報酬明細書の記載について、「副傷病名」欄について、

記載が適切か。
□「転帰」の選択が適切か。
□誤って「その他」を選択してはいないか。
□検査入院であるものについて、「その他」を選択すべきところ「不変」を選択してはいないか。

□傷病情報欄について、記載が適切か。
□DPC支援システムについて、直接傷病名の入力が行える仕様となっているため、医療情報システムの傷病名欄と齟齬を生じている。DPC支援システムへの傷病名の入力は、必ず医療情報システム本体の傷病名欄に記載している傷病名から選択するようにしているか。
□主傷病名・入院の契機となった傷病名・2番目に医療資源を投入した傷病名の記載が適切か。
□入院時併存傷病名・入院後発症傷病名について、4つを超えて記載してはいないか。
□診療録・出来高の診療報酬明細書に記載した傷病名で、入院時併存傷病名・入院後発症傷病名に相当する傷病名があるにもかかわらず、欄のすべてもしくは一部が空欄となってはいないか。
□入院時併存傷病名と入院後発症傷病名について、正しい区分に記載されているか。
□入院時に併存していていたことがわかっている傷病名について、入院時併存傷病名に記載されているか。

□予定入院・緊急入院の選択が誤ってはいないか。
□診療関連情報欄について、記載が適切か。
□必要な情報の記載（新生児の体重、JCS、入院区分、手術・処置の内容等）があるか。
□総括表に必要事項を記載しているか。

3. 包括評価に関わるその他の事項

☐ 医療機関別係数について、理解が正しいか。
☐ 包括範囲について、理解が正しいか。
☐ 包括期間中に処方した薬剤の一部を退院時処方として出来高で算定してはいないか。
☐ 手術にあたって使用した薬剤以外の薬剤を、手術・麻酔の項で、出来高で算定してはいないか。
☐ 術後疼痛に対して使用した、ロピオン静注・アンヒバ坐剤・アセリオ静注液を、手術薬剤として出来高で算定してはいないか。
☐ 術後疼痛に対する注射を実施するために使用した特定保険医療材料・携帯型ディスポーザブルPCA用装置・携帯型ディスポーザブル注入ポンプ（一般型・一般用・一体型）および薬剤（フェンタニル注射液）を出来高で算定してはいないか。
☐ 転院であるものについて、退院時処方を算定してはいないか。

☐ 適切なコーディングに関する委員会について、コーディング委員会が、適切な診断を含めた診断群分類の決定を行う体制を確保することを目的として設置されているか。
☐ 委員会が、診療報酬の多寡に関する議論を行う場となっているようなことはないか。
☐ 診療部門に所属する医師・薬剤部門に所属する薬剤師・診療録管理部門または請求事務部門に所属する診療記録管理者が構成員に含まれているか。
☐ 実症例を扱う際に、当該症例に携わった医師等の参加を求めているか。
☐ 年4回以上開催しているか。

☐ 包括評価に係るその他の事項で、DPCに関する事項の院内掲示があるか。
☐ 同一の疾病に対する検査・治療を目的とする7日以内の再入院について、一連の入院とみなして取り扱っていない。
☐ 包括評価を行っている入院患者の他院受診時の取扱いが適切であるか。

あとがき

　個別指導や監査に至る理由はとてもシンプルです。保険診療の基本(すなわち「療養担当規則」)を正確に理解しないで診療を行っているからです。そのため、本書で療養担当規則を正確に理解し、不正請求や不当請求とならないためのノウハウを身につけることが第一歩です。そうすれば、個別指導や監査を受ける可能性は格段に減少しますし、保険医の登録取消や保険医療機関の指定取消という憂き目にあうことはありません。

　また、不運なことに、個別指導や監査の対象となった場合には、不平不満を言っても始まりません。すなわち、地方厚生局に対して、「ドクターや職員のうっかりミスであった」「患者の利益のためにやった」などという言い訳は通用しません。不平不満を言うのではなく、①本来提供する必要がない不利な証拠収集がなされないための「対象患者の事前予想」や「その資料の確認」、②個別指導や監査への弁護士の帯同および録音による適正手続の確保など、個別指導や監査で取りうる手立てを理解しておけば、取消処分になる可能性は極めて低くなります。

　地方厚生局も、ドクターへの嫌がらせで個別指導や監査をしているのではなく、適切な保険診療が実現されることを望んでいるのです。やみくもに地方厚生局と反目したり、地方厚生局をおそれたりするのではなく、本書により理論武装して、充実したクリニックの運営を実現してください。

　　　　　　　　　　　　　　　　　令和元年8月
　　　　　　　　　　　　　　　　　保険医取消処分解決センター
　　　　　　　　　　　　　　　　　　　弁護士　永淵　智
　　　　　　　　　　　　　　　　　　　弁護士　堀　裕岳

著者略歴

西岡　秀樹（にしおか　ひでき）　税理士・行政書士

　　　西岡秀樹税理士・行政書士事務所所長
　　　一般社団法人医業経営研鑽会会長
　　　事務所URL　https://nishioka-office.jp/
　　　研鑽会URL　https://www.kensankai.org/

昭和45年6月東京都生まれ。大原簿記学校に在籍中に簿財2科目に合格、同校卒業後一度に税法3科目に合格して税理士となり、医業経営コンサルタント会社勤務を経て平成12年に独立。平成22年に医業経営研鑽会（平成30年に一般社団法人化）を設立し、現在まで会長を務めている。主な著書に「税理士・公認会計士のための医業経営コンサルティングの実務ノウハウ」（中央経済社）、「改定版　医療法人の設立・運営・承継・解散」（日本法令）、「医療法人の設立認可申請ハンドブック」（日本法令）などがある。

加藤　登（かとう　のぼる）

埼玉県中央税務会計事務所に勤務。昭和23年東京都生まれ。社会保険診療報酬支払基金東京支部に入所以来40年にわたり、本部、新潟、岐阜、福岡および大阪の各支部において、主として審査事務に従事し、保険医療機関に対して適正なレセプトの提出を使命として勤務してきた。現在は、医師・歯科医師の先生方に診療報酬請求等の相談に応じている。

永淵　智（ながぶち　さとる）　弁護士・司法書士・社労士

　　　永淵総合法律事務所所長
　　　保険医取消処分解決センターメンバー
　　　事務所URL　https://nagabuchi-law.com/
　　　保険医取消処分解決センター　https://hokeni-bengo4.com/

昭和53年兵庫県生まれ。司法書士試験に合格後、登記や相続に精通した法曹を志し、司法試験に合格。東京都内の企業法務を中心に活動する法律事務所に勤務後、現在は山梨県甲府市において、複数の士業のワンストップサービスを提供するべく弁護士・司法書士・社労士として総合事務所を開設している。クリニックの顧問弁護士として患者や従業員を含むトラブル対応を行うとともに、大学病院の臨床研究審査委員会の委員や倫理委員会の委員を兼務している。保険医取消処分解決センターのメンバーとして、日本全国の医院の個別指導対策や監査対策、聴聞対策を行っている。

堀　裕岳（ほり　ゆうがく）　弁護士

　　　東京中央総合法律事務所シニアパートナー
　　　保険医取消処分解決センターメンバー
　　　事務所URL　https://www.tcs-law.com/
　　　保険医取消処分解決センター　https://hokeni-bengo4.com/

昭和54年東京都生まれ。司法試験に合格後、検事に任官し、東京地検検事等として勤務。その後、都内の法律事務所で勤務した後、東京中央総合法律事務所にパートナー弁護士として入所。医療機関を含む50社以上の顧問先の顧問業務を主な業務としている。また、保険医取消処分解決センターのメンバーとして、日本全国の医院の個別指導対策や監査対策、聴聞対策を行っている。

※なお本書には、氏名を伏せたうえでドクターに執筆協力をいただきました。

| クリニックの個別指導・監査対応マニュアル | 令和元年9月20日　初版発行 |

〒101-0032
東京都千代田岩本町1丁目2番19号
https://www.horei.co.jp/

			検印省略
編集著者	医西永加堀西岡加藤永淵堀	経営研鑽秀登裕健春智岳次光	会社
発行者編集者印刷所製本所	青岩神国	木倉谷春印宝	刷社

（営業）　TEL　03-6858-6967　Eメール　syuppan@horei.co.jp
（通販）　TEL　03-6858-6966　Eメール　book.order@horei.co.jp
（編集）　FAX　03-6858-6957　Eメール　tankoubon@horei.co.jp

（バーチャルショップ）　https://www.horei.co.jp/iec/
（お詫びと訂正）　https://www.horei.co.jp/book/owabi.shtml

※万一、本書の内容に誤記等が判明した場合には、上記「お詫びと訂正」に最新情報を掲載しております。ホームページに掲載されていない内容につきましては、FAXまたはEメールで編集までお問合せください。

・乱丁、落丁本は直接弊社出版部へお送りくださればお取替えいたします。
・JCOPY　〈出版者著作権管理機構　委託出版物〉
本書の無断複製は著作権法上での例外を除き禁じられています。複製される場合は、そのつど事前に、出版者著作権管理機構（電話 03-5244-5088、FAX 03-5244-5089、e-mail: info@jcopy.or.jp）の許諾を得てください。また、本書を代行業者等の第三者に依頼してスキャンやデジタル化することは、たとえ個人や家庭内での利用であっても一切認められておりません。

ⓒ Improvement Association of Medical Management 2019. Printed in JAPAN
ISBN 978-4-539-72708-9